U0571292

全国会计从业人员专业技能证书考试统编教材

会计电算化与会计实务操作

2018版

中国商业会计学会
全国会计从业人员专业技能测评委员会 编

经济管理出版社
ECONOMY & MANAGEMENT PUBLISHING HOUSE

图书在版编目（CIP）数据

会计电算化与会计实务操作/中国商业会计学会，全国会计从业人员专业技能测评委员会编 . —北京：经济管理出版社，2018.9
ISBN 978 - 7 - 5096 - 5972 - 4

Ⅰ.①会…　Ⅱ.①中…②全…　Ⅲ.①会计电算化—教材②会计实务—教材　Ⅳ.①F232②F233

中国版本图书馆 CIP 数据核字（2018）第 200459 号

组稿编辑：李桂荣
责任编辑：李桂荣
责任印制：黄章平
责任校对：王淑卿

出版发行：经济管理出版社
　　　　　（北京市海淀区北蜂窝 8 号中雅大厦 A 座 11 层　100038）
网　　址：www. E - mp. com. cn
电　　话：(010) 51915602
印　　刷：三河市延风印装有限公司
经　　销：新华书店
开　　本：720mm×1000mm/16
印　　张：16. 25
字　　数：325 千字
版　　次：2018 年 9 月第 1 版　　2018 年 9 月第 1 次印刷
书　　号：ISBN 978 - 7 - 5096 - 5972 - 4
定　　价：48. 00 元

前　言

　　"工欲善其事，必先利其器。"在当今"互联网＋"时代的大潮中，财务工作在不断信息化，传统手工做账已经被电算化所取代，传统的手工报税工作已经被"金税三期"系统网络报税所取代，传统的出纳工作也已经被各种网上银行，智能化工作软件所取代。这促使财务人员要不断地学习，紧跟会计电算信息化的步伐。

　　根据中国商业会计学会会计从业人员专业技能测评委员会对财务人员实际操作能力的测评要求，以及满足企业对出纳岗位、会计岗位能力的需求，我们编写了《会计电算化与会计实务操作》辅导用书。在本书中提出了不同岗位的职责要求以及应该掌握的知识要点作为财务人员学习及工作的参考。

　　本书有如下特点：

● 以会计职业能力要求为导向，突出会计实务操作

　　本书的最大特点是实际可操作性强。教材以财务部门平时所接触的工作为背景，案例涉及整个企业财务部门日常办公各方面：包括企业工商营业执照的办理，会计单据的整理，凭证填制，工资及社保的核算，财务报表的填制，企业纳税申报等。以一套完整的真实账务操作为案例，让考生既学习了财务软件的操作程序，同时也学会 Excel 的日常运用，让学员熟悉了企业部门的日常工作及纳税申报。

● 介绍当今财务信息化的背景与趋势

　　本书在介绍当今财务信息化发展的同时，也对未来财务信息化发展趋势做出了一定的分析。让考生在学习和掌握专业技能之外，明确未来会计提升的方向，更加注重财务人员综合素能的提升。

● 介绍多行业财务会计核算特点，突出广泛的适用性

　　本书以四大行业会计核算为背景，采用案例的形式介绍了工业、商业、建筑

业和房地产行业的会计核算特点与核算方法。让考生通过学习，能够适应不同的行业需求。

- **突出财务软件操作的共性**

本书介绍了当今市面上所流行的财务软件的所有模块功能，适应从事企事业单位财务工作处理的需要。作为岗位能力测评考试的辅导书，本书涉及的实务操作内容较多，建议学员在具有一定实务操作经验的老师或专业人员的带领下进行学习，更容易掌握书中知识的要点。

第三章第十节由尹芳老师编写，第四章由尹芳老师和顾瑕老师共同编写，其他章节均由顾瑕老师提供资料及编写。特别感谢为本书进行认真审定的赵兴碧教授和黄晓敏副教授。

书中存在的不足与疏漏之处，敬请广大读者和专家批评指正。最后，预祝广大考生顺利通过考试。

顾　瑕

2018 年 6 月

目　录

第一章 会计电算化概述

出纳岗位能力要求：

1. 了解会计电算化的概念
2. 了解会计电算化的产生
3. 了解会计电算化的发展
4. 了解大数据时代会计信息发展趋势
5. 熟悉会计软件和服务规范
6. 了解实施 ERP 前应做好的前期准备工作

会计岗位能力要求：

1. 了解会计电算化的概念
2. 了解会计电算化的产生
3. 了解会计电算化的发展
4. 了解大数据时代会计信息发展趋势
5. 熟悉会计软件和服务规范
6. 了解实施 ERP 前应做好的前期准备工作

【本章知识结构导图】

会计电算化概念

会计电算化的产生

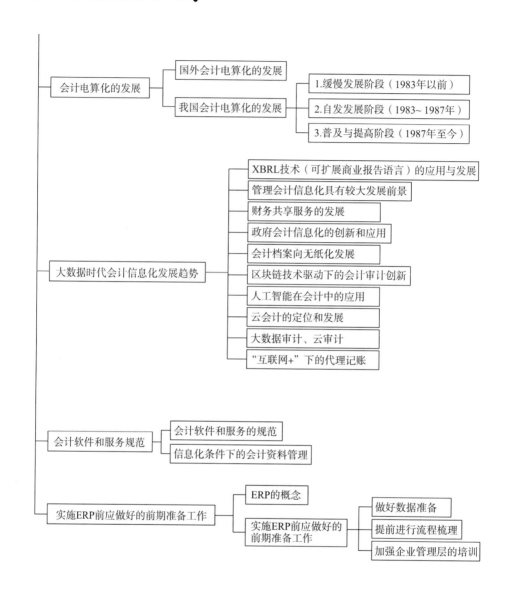

第一节　会计电算化的概念及演变

　　随着电子计算机、信息技术的飞速发展和会计改革的不断深化，传统的手工会计已经不能满足会计在数据处理、核算、记账等方面的要求，手工会计已经被电算化会计所代替。会计电算化改变了传统会计复杂烦琐的手工处理方式，大大提高了会计工作的效率，对提高会计信息处理的速度和准确性以及提高会计工作水平有重要的意义。

一、会计电算化的概念

会计电算化也叫计算机会计，是指以电子计算机为主体的信息技术在会计工作的应用，具体而言，就是利用会计软件，指挥在各种计算机设备替代手工完成或在手工下很难完成的会计工作过程，会计电算化是以电子计算机为主的当代电子技术和信息技术应用到会计实务中的简称，是一个应用电子计算机实现的会计信息系统。它实现了数据处理的自动化，使传统的手工会计信息系统发展演变为电算化会计信息系统。

会计电算化是把电子计算机和现代数据处理技术应用到会计工作中的简称，是用电子计算机代替人工记账、算账和报账，以及部分代替人脑完成对会计信息的分析、预测、决策的过程，其目的是提高企业财会管理水平和经济效益，从而实现会计工作的现代化。

广义上来讲，会计电算化就是指与会计工作电算化有关的所有工作，包括会计电算化软件的开发与应用、会计电算化人才的培训、会计电算化的宏观规划、会计电算化制度建设、会计电算化软件市场的培育与发展等。

会计电算化是会计发展史上的一次重大革命，它不仅是会计发展的需要，而且是经济和科技对会计工作提出的要求。会计电算化是一个人机相结合的系统，其基本构成包括会计人员、硬件资源、软件资源和信息资源等要素，其核心部分则是功能完善的会计软件资源和会计电算化软件，只要实现会计手工输入记账凭证数据，后面的过账程序、编制报表程序都由计算机内部处理，把会计账簿和报表存储在计算机中，只有输出某个账户，输出某一时间的报表时，才需要对计算机进行操作。

会计电算化已成为一门融电子计算机科学、管理科学、信息科学和会计科学等现代科技为一体的边缘学科，在经济管理的各个领域中处于应用电子计算机的领先地位，正在带动经济管理诸领域逐步走向现代化。会计电算化极大地减轻了会计人员的劳动强度，提高了会计工作的效率和质量，促进了会计职能的转变。随着信息技术的快速发展和管理要求的不断提高，会计手工操作正逐步被会计电算化所取代，要满足社会经济发展对会计人才的需要，必须培养和造就大批既掌握计算机基本应用，又懂会计业务处理的复合应用性会计人才。

二、会计电算化的产生

会计是以货币为主要计量单位，采用专门的方法，对企事业单位的经济资源与经济活动进行连续、系统、全面的核算和监督，并在此基础上对经济活动进行分析、预测、考核和评价的一种管理活动。会计的各项活动都体现为对数据和信息的某种作用，彼此构成一个有秩序的数据处理和信息生成过程。在漫长的历史发展过程中，会计数据处理在很长一个时期由"算盘为代表的手工工具来辅助"，这种手工处理方式虽具有良好的适应性，但会计人员的劳动强度较高，业务处理速度较慢，工作效率较低。

随着社会经济的不断发展与科技的不断进步，会计的理论体系逐步完善，会计的方法也日益丰富。进入 20 世纪以来，随着市场需求的变化和生产经营的发展，社会各方对会计所提供的经济信息，不仅在需求数量上有了大幅度的增加，而且在时间上和质量上都有了更高的要求。会计在经济管理中的作用越来越受到重视，会计数据处理的工作量也越来越大，从客观上形成了改革会计手工处理形式的需要。

随着现代科学技术的发展，计算机作为一种能够部分替代人脑工作的现代数据处理设备迅速发展起来。1946 年，世界上第一台计算机问世，实现了 20 世纪一项划时代的变化。此后，计算机在航空航天、工业、生物、医学、教育、经济等领域迅速得到广泛应用。计算机所具有的能自动、高速进行大量计算和数据处理的特性，使其成为需要进行大规模数据处理的经济管理工作的必然选择。1954 年，美国通用电气公司首次利用计算机计算职工薪金的举动，开创了利用计算机进行会计数据处理的新纪元，引起了会计数据处理技术的变革，电算化会计也应运而生。

20 世纪 60 年代中期以后，计算机硬件、软件的性能得到了进一步的改进，可操作性不断增强，为计算机在会计领域的普及创造了条件。特别是微型计算机的问世以及数据库与计算机网络技术的迅猛发展，使人们充分认识到电算化数据处理有优越性。在新技术、新方法不断呈现的同时，专业会计软件不断翻新，电算化会计的理论研究不断完善和成熟，电算化会计系统逐渐成形。

在我国，将计算机应用于会计数据处理工作的起步较晚。1979 年，第一汽车制造厂大规模信息系统的设计与实施，成为我国电算化会计发展过程中的一个里程碑。1981 年 8 月，在财政部、原第一机械工业部、中国会计学会的支持下，中国人民大学和第一汽车制造厂联合召开了"财务、会计、成本应用电子计算机问题讨论会"，第一次正式提出了"电子计算机在会计工作中的应用"问题，引入了"会计电算化"的概念。

三、会计电算化的发展

(一)国外会计电算化的发展

电子计算机于1946年在美国诞生,在20世纪50年代已被一些工业发达国家应用于会计领域。1954年10月,美国通用电气公司第一次用计算机计算职工工资,从而引起了会计处理技术的变革。最初的处理内容仅限于工资计算、库存材料的收发核算等一些数据处理量大、计算简单且重复次数多的经济业务。它以模拟手工会计核算形式代替了部分手工劳动,大大提高了工作效率。

20世纪50年代中期到60年代,随着人们利用电子计算机对会计数据进行综合处理,系统地提供经济分析和决策所需要的会计信息,手工簿记系统被电算化信息系统所取代。这个时期会计电算化的特点是电子计算机几乎完成了手工簿记系统的全部业务,打破了手工方式下的一些常规结构,更重视数据的综合加工处理,并加强了内部管理。这一时期,所开发的系统具有一定的反馈功能,能为基层和中层管理提供信息,但各种功能之间还未实现共享。

20世纪70年代,计算机技术迅猛发展,计算机网络的出现和数据库管理系统的应用,形成了应用电子计算机的管理信息系统。企业管理中全面地应用了电子计算机,各个功能系统可以共享储存在计算机上的整个企业生产经营成果的数据库。电算化会计信息系统成为管理信息系统中的一个部分,企业、公司的最高决策也借助计算机系统提供的信息,提高了工作效率和管理水平。

20世纪80年代,微电子技术蓬勃发展,微型计算机大批涌现并进入社会的各个领域,包括家庭在内。信息革命逐渐成为新技术革命的主要标志和核心内容,人类进入了信息社会。微型电子计算机不仅受到大中型企业的欢迎,也得到了小型企业的青睐,这促使各部门把小型机、微型机的通信线路相互连接,形成计算机网络,提高了计算和数据处理的能力,取代了大型电子计算机。国际会计师联合会于1987年10月在日本东京召开的以"计算机在会计中的应用"为中心议题的第十三届世界会计师大会,成为计算机会计信息系统广泛普及的重要标志。

20世纪90年代,随着计算机技术的飞速发展,计算机会计信息系统在国际上也呈现出广泛普及之势。美国在这一领域已步入较高的发展阶段,始终处于国际最高水平。美国会计软件的应用也非常普及。据有关资料显示,美国有300~400种商品化会计软件在市场上流通。会计软件产业已成为美国计算机软件产业的一个重要分支。

（二）我国会计电算化的发展

我国会计电算化工作始于1979年。其主要标志是，1979年财政部支持并参与了长春第一汽车制造厂的会计电算化试点工作。1981年8月，在财政部和中国会计协会的支持下，在长春召开了"财务、会计、成本应用电子计算机专题讨论会"，这次会议成为我国会计电算化理论研究的一个里程碑，这次会议提出计算机在会计上的应用统称为"会计电算化"。从此，随着20世纪80年代计算机在全国各个领域的应用、推广和普及，计算机在会计领域的应用也得以迅速发展。概括起来，可以分为以下几个阶段：

1. 缓慢发展阶段（1983年以前）

这个阶段起始于20世纪70年代少数企事业单位单项会计业务的电算化。此时，计算机技术应用会计领域的范围十分狭窄，涉及的业务十分单一，最普遍的是工资核算的电算化。在这个阶段，由于会计电算化人员缺乏，计算机硬件比较昂贵，软件汉字化不理想，会计电算化没有得到高度重视。因此，会计电算化的发展比较缓慢。

2. 自发发展阶段（1983～1987年）

从1983年下半年起，全国掀起了一个应用计算机的热潮，微型计算机在国民经济各个领域得到了广泛的应用。然而，由于应用电子计算机的经验不足，理论准备与人才培训不够，管理水平跟不上，导致会计电算化过程中出现许多盲目的、低水平重复开发的现象，浪费了许多人力、物力和财力。

这一阶段的主要表现：一是没有经过认真调查研究就匆匆上马的会计软件开发项目占大多数，而且许多单位先买计算机，然后才确定上什么项目，没有全盘考虑如何一步一步地实现会计电算化；还有的单位为了评先进、上等级等，买一台计算机来摆样子。二是开展会计电算化的单位之间缺乏必要的交流，闭门造车、低水平、重复开发的现象严重。三是会计软件的开发多为专用定点开发，通用会计软件开发的研究不够，会计软件的规范化、标准化程度低，商品化受到很大的限制。四是会计电算化的管理落后于客观形势发展的需要，全国只有少数地方财政部门开展了会计电算化组织管理工作，配备了管理会计电算化的专职人员，制定了相应的管理制度，多数地区还没有着手开展管理工作。五是既懂会计又懂计算机的人才正在培养之中，从1984年开始，各大中专院校、研究院所纷纷开始培养会计电算化的专门人才。六是会计电算化的理论研究开始得到重视，许多高等院校、研究院所及企业组织了专门的班子研究会计电算化理论。1987年11月中国会计学会成立了会计电算化研究组，为有组织地开展理论研究做好了准备。

3. 普及与提高阶段（1987年至今）

这一阶段相继出现了以开发经营会计核算软件为主的专业公司，而且业务发展很快，逐步形成了会计软件产业。由于我国经济发展水平的影响和计算机技术发展的限制，会计电算化的演进具有多态性。可以说，我国会计电算化的演进过程是：从单项数据处理发展到全面应用计算机、建立会计信息系统的过程；从计算机处理和手工操作并行，发展到甩掉手工账本，靠计算机独立运行完成记账、算账及报账等任务的过程；从计算机应用于企业内部会计信息处理，发展到用计算机汇总并报送会计报表，为国家宏观经济提供可靠的会计信息的过程；从最初采用原始的软件开发方法，发展到运用现代软件工程学方法开发会计软件的过程；从单家独户开发会计软件，发展到设置专门机构，集中专门人才，开发通用化、商品化的会计软件的过程。

这一发展阶段有如下几个主要标志：一是会计软件的开发向通用化、规范化、专业化和商品化方向发展；二是各级行政部门和业务主管部门加强了对会计电算化的管理，许多地区和部门制定了相应的发展规划、管理制度和会计软件开发标准；三是急于求成的思想逐渐被克服，失败和成功的经验给人们以启示。

四、大数据时代会计信息化发展趋势

2016年7月，中共中央办公厅、国务院办公厅制定发布了《国家信息化发展战略纲要》，对《2006—2020年国家信息化发展战略》进行了调整和发展，规范和指导未来十年国家信息化发展。作为国家信息化的重要组成部分，财政部发布的《会计改革与发展"十三五"规划纲要》提出了"十三五"时期会计信息化工作的目标任务和措施，推动会计信息化创新，助力会计工作转型升级。

（一）XBRL技术（可扩展商业报告语言）的应用与发展

XBRL（eXtensible Business Reporting Language，译为可扩展商业报告语言）是财政部在制定会计信息化标准体系所采用的关键技术。

财政部已经建立会计信息化标准体系包括：①可扩展商业报告语言技术规范系列国家标准（GB/T 25500）；②企业会计准则通用分类标准；③会计软件数据接口标准，用于交换账簿和凭证数据。

下一步推动 XBRL 在政府监管、资本市场、企业内部的应用将是重要趋势。尤其是在企业内部应用 XBRL 技术建立内部信息数据标准，形成企业内部运营大数据，挖掘数据应用场景，找到企业应用 XBRL 技术的原生动力。推进企业会计准则通用分类标准实施、利用 XBRL 提升内部信息标准化、促进财务业务数据融合和互联已经写入《会计改革与发展"十三五"规划纲要》。

（二）管理会计信息化具有较大发展前景

2017 年，随着管理会计应用指引系列可操作性文件的正式出台，如何将管理会计与信息化相结合发现管理会计的最佳实践将是会计信息化发展的一个重要方向。落实到具体领域，在预算、成本、营运、投融资、绩效、报告等方面，会计信息化都将大有作为。

（三）财务共享服务的发展

财务共享服务是依托信息技术以财务业务流程处理为基础，以优化组织结构、规范流程、提升流程效率、降低运营成本或创造价值为目的，以市场视角为内外部客户提供专业化生产服务的分布式管理模式。

1. 信息技术为基础：ERP 财务模块为共享服务基础，以 ERP 财务模块—ERP 非财务模块—ERP 外围辅助业务系统的转移趋势。同时工作流、票据影像、OCR 识别等信息技术工具得到广泛应用。

2. 业务流程为核心：基于流程加强专业化分工能力，改进生产效率。

3. 多样化的实施动机：服务经营型财务共享服务中心以业务流程外包服务为主导，以获取利润为主要目的。行业呈现多样化实施动机。

4. 市场化的视角：无论内部服务或者服务经营型财务共享服务中心，均应保持市场化的视角，在此内涵下，财务共享服务中心应重视客户，为客户提供满意服务，并在服务过程中体现其其他运营动机。

5. 生产式服务：视财务服务为生产运营，关注生产效率及生产质量，建立完善的现场绩效评估体系及生产质量控制体系。

6. 分布式服务：视财务共享服务中心为服务端，商业单元为客户端，提供基于客户/服务模式的分布式业务支持。

7. 财务共享服务是一种管理模式，是包括信息技术、组织管理、服务管理、质量管理、绩效管理等多种管理手段的综合体，不可狭义理解为其中一种。

财政部在《企业会计信息化工作规范》中指出，"分公司、子公司数量多、分布广的大型企业、企业集团应当探索利用信息技术促进会计工作的集中，逐步建立财务共享服务中心。"

国资委在《关于加强中央企业财务信息化工作的通知》中强调，央企业应根据集团"十二五"发展规划，结合集团信息化纲要，有计划分步骤组织实施，做到与集团整体信息化规划同步、系统集成、标准统一、信息共享。对于财务信息化水平较高的企业，应当与国际先进企业对标，结合企业实施"走出去"战略，持续优化财务信息系统功能，推进全球业务信息化、财务服务集中化。

（四）政府会计信息化的创新和应用

2019年1月1日起将实施《政府会计制度》。政府会计采用了财务会计和预算会计的双轨制，也就是在同一会计主体中同时进行财务会计核算和预算会计核算。相对于以前，可以说会计核算工作量大了1倍。

政府会计信息化应该担当重任，将会计人员从更加繁重的政府会计工作中解脱出来。财政部会计司也在多个单位进行试点工作，尝试利用会计信息化手段提高会计核算工作效率，确保政府会计改革的有效推进。随着政府会计基本准则和具体准则逐步发布，政府会计信息化应该很快就有用武之地，也必然是未来的重要发展趋势。

（五）会计档案向无纸化发展

无论是从保护环境方面还是从提高会计信息化水平方面来看，会计档案无纸化一定是必然趋势。从法律、制度和法规上目前已经没有障碍了，电子发票的推广应用也在一定程度上推动会计档案无纸化的进程。但是，会计档案真正在全国各行各业全部电子化，还有很长一段路要走。电子档案无纸化不仅是会计信息化的问题，而且牵扯到整个社会信息化的发展水平。但既然是必然趋势，首先在会计信息化上要做到对电子会计档案的接收、认证、处理、保存等全流程管理，减轻会计人员处理电子发票等工作的负担，将电子发票等电子原始凭证纳入会计循环中，这也是必然要迈出的一步。

（六）区块链技术驱动下的会计审计创新

区块链（Blockchain）是分布式数据存储、点对点传输、共识机制、加密算法等计算机技术的新型应用模式。

目前的会计本身就是一个分布式记账过程，但是出于对商业机密的保护，会计账簿之间不进行或很少进行共享、确认和共识。区块链技术拥有一种分布式记账法应用在会计上，数据在区块链上写入记录并且加以验证，将不可被篡改，在提高簿记的准确性、减少欺诈舞弊、提高数据的透明性等方面具有巨大优势。区块链一旦与会计融合，对于审计实践来说也是不小的变革。区块链技术的使用将真正消除对簿记员、审计员和其他第三方团体的需要，从而扩大经济规模，提高商业和金融领域的效率，在治理 IPO 造假方面将发挥重大作用。

（七）人工智能在会计中的应用

人工智能（Artificial Intelligence），英文缩写为 AI。它是研究、开发用于模拟、延伸和扩展人的智能的理论、方法、技术及应用系统的一门新的技术科学。

2016 年 3 月 10 日四大会计师事务所之一的德勤会计事务所宣布，与 kirasystem 联手，将人工智能引入会计、税务、审计等工作中，并针对人工智能从复杂文件中提取的文本信息以做出更好的分析，这一科技创新将帮助审计人员从阅读合同和其他文件的乏味工作中解放出来，减少阅读时间，使人才投入到更多有价值的工作中。

德勤财务机器人目前已经正式的投入使用。它将会帮助财务人员完成大量的、重复规则化的事务，比如代替应收类岗位去做发票的处理，开账单、记账和收款等工作，不仅能够提高效率，还能够通过大数据收集分析，发出财务风险的防范预警。一个机器人进程的处理速度往往是人类员工最快速度的 15 倍以上，而且它可以 7×24 小时不间断的工作，有接近 80% 的基于规则的流程可以被其代替。人工智能的应用将会大大提升会计工作人员的效率。

（八）云会计的定位和发展

云计算环境下的会计工作，其实质是利用云技术在互联网上构建虚拟会计信息系统，完成企业的会计核算和会计管理等内容。在云会计环境下，会计信息共享在"云端"，通过手机、平板和电脑等终端，会计人可以随时随地对会计业务进行处理，大大提高了会计人的工作效率；企业管理者可以实时通过财务信息与非财务信息融合后的挖掘分析，对企业的经营风险进行全面、系统地预测、识别、控制和应对，实现企业对市场变化的柔性适应。但是，基于云计算的部署模式，大量数据储存在同一云端，一旦云存储中心遭到破坏或者攻击，后果将是无法承受的，无数的企业将会受到影响。在同一云端中，如果企业的核心数据意外地泄露给其他公司，也将会带来严重的后果。因此安全性目前是用户最关注的问题。

（九）大数据审计、云审计

审计作为一种独立的经济监督活动，工作核心是发现问题、寻找证据。大数据（Big Data）是指，无法在一定时间范围内用常规软件工具进行捕捉、管理和处理的数据集合，是需要新处理模式才具有更强的决策力、洞察发现力和流程优化能力的海量、高增长率和多样化的信息资产。云计算（Cloud Computing）是基于互联网的相关服务的增加、使用和交付模式，通常涉及通过互联网来提供动态易扩展且经常是虚拟化的资源。

2014年10月，《国务院关于加强审计工作的意见》（国发〔2014〕48号）中第19条明确提出："探索在审计实践中运用大数据技术的途径，加大数据综合利用力度，提高运用信息化技术查核问题、评价判断、宏观分析的能力。创新电子审计技术，提高审计工作能力、质量和效率"，这是国家首次在文件中将大数据审计列入审计信息化工作重点。2015年8月，《国务院关于印发促进大数据发展行动纲要的通知》（国发〔2015〕50号）发布，大数据发展被进一步提升到战略层面。

利用大数据分析可以实现对审计总体进行风险评估和设计进一步审计程序，可以消除抽样审计带来的风险。审计人员可以通过运用储存在"云"端的各种数据与资源，更科学、更有效地进行审计的过程。大数据、云计算和互联网技术的运用将是国家审计的一种新模式。

（十）"互联网＋"下的代理记账

2015年3月5日，在十二届全国人大三次会议上，李克强总理在政府工作报告中首次提出"互联网＋"行动计划，这标志着"互联网＋"时代的全面到来。2015年李克强总理在政府工作报告中着重指出，要把"大众创业、万众创新"打造成推动中国经济继续前行的主要引擎之一。得益于政策推动，初创的小微企业数量持续上升。

小微企业在财务管理方面面临着很大问题。没有完善的财务管理制度，内部会计控制制度不健全，一些企业连基本的会计人员都没有，财务管理体现的混乱，在很大程度上困扰着小微企业的发展。同时使代理记账成为小微企业财务管理的主流方式。

"互联网"思维向会计工作的渗透，以大账房为代表的"互联网代理记账"创业型公司如雨后春笋般涌现。"代理记账"与"互联网＋"相结合，通过建立云端平台，将初始数据上传，代理记账公司进行线上处理财务；手机下载APP软件，信息与云端平台同步，便于企业管理人员对财务报告等信息的掌握；对于一些在网络平台上无法解决的问题，可以通过线上预约线下指派专业人员进行处理。这样一方面全面解决了小微企业的代理记账问题，另一方面也为代理记账业务的市场发展开辟了一条新的道路。

第二节　会计信息化工作规范及制度

1999 年 10 月 31 日修订的《中华人民共和国会计法》（以下简称《会计法》）规定，使用电子计算机进行会计核算的，其软件及其生成的会计凭证、会计账簿、财务会计报告和其他会计资料，必须符合国家统一的会计准则制度的规定；会计账簿的登记、更正，应当符合国家统一的会计准则制度规定。

2013 年 12 月 6 日，财政部以财会〔2013〕20 号印发《企业会计信息化工作规范》（以下简称《规范》）。该《规范》分总则、会计软件和服务、企业会计信息化、监督、附则，共 5 章 49 条，自 2014 年 1 月 6 日起施行。1994 年 6 月 30 日财政部发布的《商品化会计核算软件评审规则》（财会字〔1994〕27 号）《会计电算化管理办法》（财会字〔1994〕27 号）予以废止。

一、会计软件和服务的规范

（1）会计软件应当保障企业按照国家统一会计准则制度开展会计核算，不得有违背国家统一会计准则制度的功能设计。

（2）会计软件的界面应当使用中文并且提供对中文处理的支持，可以同时提供外国文字或者少数民族文字界面对照和处理支持。

（3）会计软件应当提供符合国家统一会计准则制度的会计科目分类和编码功能。

（4）会计软件应当提供符合国家统一会计准则制度的会计凭证、账簿和报表的显示和打印功能。

（5）会计软件应当提供不可逆的记账功能，确保对同类已记账凭证的连续编号，不得提供对已记账凭证的删除和插入功能，不得提供对已记账凭证日期、金额、科目和操作人的修改功能。

（6）鼓励软件供应商在会计软件中集成可扩展商业报告语言功能，便于企业生成符合国家统一标准的 XBRL 财务报告。

（7）会计软件应当具有符合国家统一标准的数据接口，满足外部会计监督需要。

（8）会计软件应当具有会计资料归档功能，提供导出会计档案的接口，在会计档案存储格式、原数据采集、真实性与完整性保障方面，符合国家有关电子文件归档与电子档案管理的要求。

（9）会计软件应当记录生成用户操作日志，确保日志的安全、完整。

（10）以远程访问、云计算等方式提供会计软件的供应商，应当在技术上保证客户会计资料的安全、完整。

（11）客户以远程访问、云计算等方式使用会计软件生成的电子会计资料归客户所有。

（12）以远程访问、云计算等方式提供会计软件的供应商，应当做好本厂商不能维持服务情况下，保障企业电子会计资料安全以及企业会计工作持续进行的预案。

（13）软件供应商应当努力提高会计软件相关服务质量，按照合约及时解决用户使用中的故障问题。

（14）鼓励软件供应商采用呼叫中心、在线客服等方式为用户提供实时技术支持。

（15）软件供应商应当就如何通过会计软件开展会计监督工作，提供专门教程和相关资料。

二、信息化条件下的会计资料管理

（1）由计算机打印输出的各种书面形式的会计凭证、会计账簿、会计报表以及其他会计资料应当符合国家统一的会计制度规定，根据有关规定立卷归档保管，保存期限按《会计档案管理办法》的规定执行。

（2）以磁带、磁盘、把会计从业站点加入收藏夹光盘、微缩胶片等介质存储的会计数据（会计凭证、会计账簿、会计报表等数据），在未打印成书面形式之前，应当妥善保管并留有副本。这些介质都应当视同会计资料把会计从业站点加入收藏夹或档案保管。

（3）会计电算化系统开发和使用的全套文档资料及软件程序，也应当视同会计档案保管。

（4）对电算化会计档案管理要做到防磁、防火、防潮、防尘等工作，重要会计档案应准备双份，存放在两个以上不同的地点。

（5）采用磁性介质存储的会计档案，要定期进行检查，定期进行复制，防止因磁性介质损坏而使会计档案丢失。

（6）严格执行安全和保密制度，不得随意堆放会计档案，严防毁损、散失和泄密。

（7）各种会计资料，包括把会计从业站点加入收藏夹印出来的会计资料，以及存储会计资料的软盘、光盘、微缩胶片等，未经单位负责人同意，不得外借和拿出单位。

（8）借阅会计资料，应该履行相应的借阅手续，经手人必须签字记录。存放在磁性介质上的会计资料借阅归还时，还应该认真检查，防止感染病毒。

（9）要建立健全会计电算化档案管理的制度体系，最基本的就是国家要制定系统的、细化的会计电算化档案管理办法，以法规制度的形式加以强制，在方法上指导各单位的会计电算化档案管理工作，这是做好会计电算化档案管理的保障。

（10）加强对会计人员和会计档案管理人员的培训，组织企业内部会计人员和会计档案管理人员认真学习《档案法》《会计电算化管理办法》《会计电算化工作规范》等法律法规，以加强对会计电算化档案的安全管理意识和档案管理水平。另外，会计档案管理是一项专业性、技术性、政策性很强的工作，计算机技术的普及又对会计档案管理人员提出新的更高的要求，会计档案管理人员业务素质和能力是会计电算化档案科学管理的关键，为了适应新形势下会计电算化档案管理工作的需要，企业领导应注重会计档案管理人才培养，进一步加强会计档案管理人员队伍建设，不断提高他们的政治素质和业务水平，使他们尽快掌握现代化的管理方法和技术，以最终实现会计电算化档案的科学管理。

（11）注意电子计算机的软件和硬件升级、维护，对于企业使用的会计软件，要多与产品设计厂商保持密切联系，及时进行软件升级，对于一些存在的可能导致数据消失的软件和系统漏洞要及时进行修补。对于计算机的硬件则要及时进行更新换代，比如对硬盘容量进行升级等。同时，还要适当加强网络安全管理，建立预防病毒和黑客的安全措施，加强对计算机病毒的预防、检测以及杀毒工作，切实有效地保障计算机硬件与软件系统的安全，如使用杀毒软件、防火墙等措施，从而保证会计档案的储存安全。

（12）做好电算化会计档案规范化管理，必须使用科学的管理办法和利用电子计算机的优越性。具体办法有：把一定会计期间计算机系统中的所有会计数据拷贝（备份）存储到磁性介质或光盘上，从而脱离与原计算机系统的联系；财务部门应把财务数据的备份文件保存好，以便计算机硬件系统损坏后能在最短的时间内、在最小的损失下恢复原有的会计电算化系统和资料恢复；对于会计电算化档案还需进行备份，对于备份文件应进行定期的更新；在保存备份电子档案时应远离磁场，注意防潮、防尘等，对采用磁性介质保存的备份档案，还应定期进行检查、复制，防止由于磁性介质的损坏而使会计档案丢失，造成无法挽救的损失。

第三节　企业信息化建设前期准备工作

一、ERP 的概念

企业资源计划，即 ERP（Enterprise Resource Planning），由美国 Gartner Group 公司于 1990 年提出。企业资源计划是 MRP Ⅱ（企业制造资源计划）下一代的制造业系统和资源计划软件。除拥有 MRP Ⅱ 已有的生产资源计划、制造、财务、销售、采购等功能外，还有质量管理，实验室管理，业务流程管理，产品数据管理，存货、分销与运输管理，人力资源管理和定期报告系统。目前，在我国 ERP 所代表的含义已经被扩大，用于企业的各类软件已经统统被纳入 ERP 的范畴。它跳出了传统企业边界，从供应链范围去优化企业的资源，是基于网络经济时代的新一代信息系统。它主要用于改善企业业务流程以提高企业核心竞争力。要把信息化项目当作一个工程来管理，特别是诸如 ERP 大型信息化管理项目，更要有一套科学的管理与实施方法，才能够保障项目的效果。

二、实施 ERP 前应做好的前期准备工作

（一）做好数据准备

在企业信息化建设前期，可由财务部门组织对企业的库存现金、银行存款、应收账款、应付账款、其他应收款、其他应付款、库存进行盘点、对账，摸清自己的家底。因为基础数据是 ERP 系统运算的前提，若这些数据不准确，再好的系统算出来的结果都是错误的。

整理一些必要的基础参数及资料如下：

1. 物料控制物料类型、物料分类及分类码、物料编码规则、物料的计量单位、计量单位的转换、物料的采购提前期、物料损耗、订购批量、计划方法。

2. 物料清单、BOM 类型、BOM 的编制方法。

3. 工作中心与工艺路线工作中心设置、机器与机器编码、生产提前期。

4. 成本核算参数、成本类型与成本价格、成本计算方法等。

5. 库存控制仓库设置、仓库存储位置设置、库存分类、库存分析、安全库

存等。

（二）提前进行流程疏理

ERP 是以流程驱动的，同时也是规范流程的工具。可以说，没有流程 ERP 就无法运行。BRP（业务流程重组）是 ERP 最主要的一个阶段。显然，让 ERP 实施顾问硬给公司制定出一套流程来，毫不现实。因此，在 ERP 项目开始前，企业要根据自己的实际情况，整理现有作业流程。

（三）加强企业管理层的培训

企业在上 ERP 之前，可以先自我学习，了解 ERP 的基本知识，并从管理基础开始预热，形成学习 ERP、应用 ERP 的学习氛围。

第二章　主要行业会计、全面预算及"金税三期"概述

出纳岗位能力要求:

1. 了解商业企业的概念

2. 了解商业企业的资金运动

3. 了解工业企业的概念

4. 了解工业企业的分类

5. 熟悉工业企业会计核算重点

6. 熟悉工业企业成本核算

7. 了解"金税三期"概述

会计岗位能力要求:

1. 掌握商业企业的概念

2. 掌握商业企业的特征

3. 掌握商业企业的资金运动

4. 掌握商业企业的成本核算——加权平均法

5. 掌握商业企业的主要会计核算

6. 熟悉工业企业成本核算的步骤

7. 熟悉工业企业主要会计核算

8. 了解建筑企业的概念

9. 了解建筑企业会计核算

10. 了解房地产企业的概念

11. 熟悉房地产开发经营项目主要流程

12. 了解房地产企业主要会计核算

13. 了解全面预算的概念

14. 熟悉全面预算的发展历程

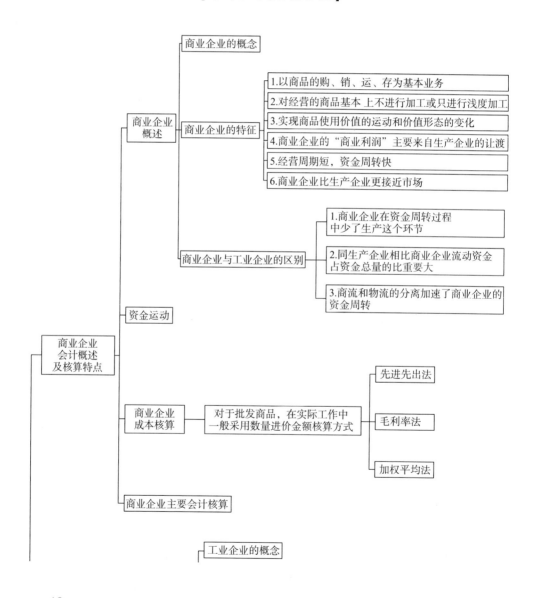

15. 了解全面预算管理基本流程

16. 了解"金税三期"的概念

17. 了解"金税三期"工程的总体目标

18. 了解推广应用"金税三期"

19. 熟悉"金税三期"包括的业务

【本章知识结构导图】

商业企业会计概述及核算特点
├─ 商业企业概述
│   ├─ 商业企业的概念
│   ├─ 商业企业的特征
│   │   ├─ 1.以商品的购、销、运、存为基本业务
│   │   ├─ 2.对经营的商品基本上不进行加工或只进行浅度加工
│   │   ├─ 3.实现商品使用价值的运动和价值形态的变化
│   │   ├─ 4.商业企业的"商业利润"主要来自生产企业的让渡
│   │   ├─ 5.经营周期短，资金周转快
│   │   └─ 6.商业企业比生产企业更接近市场
│   └─ 商业企业与工业企业的区别
│   ├─ 1.商业企业在资金周转过程中少了生产这个环节
│   ├─ 2.同生产企业相比商业企业流动资金占资金总量的比重要大
│   └─ 3.商流和物流的分离加速了商业企业的资金周转
├─ 资金运动
├─ 商业企业成本核算
│   └─ 对于批发商品，在实际工作中一般采用数量进价金额核算方式
│   ├─ 先进先出法
│   ├─ 毛利率法
│   └─ 加权平均法
├─ 商业企业主要会计核算
└─ 工业企业的概念

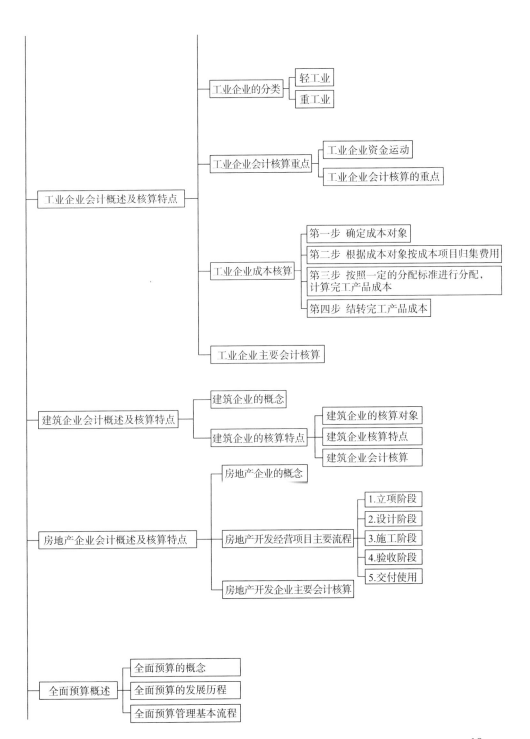

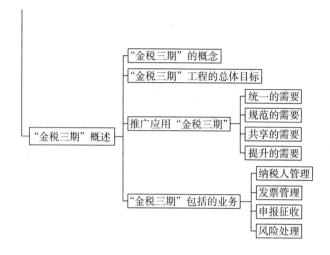

第一节 商业企业会计概述及核算特点

一、商业企业概述

（一）商业企业的概念

商业企业通过买卖商品赚取净利润。商业企业通常又分为批发企业和零售企业两种。批发企业是一种中介机构，它们从制造企业或者其他批发企业那里购买商品，再把商品转售给零售企业或者其他批发企业。零售企业（Retailer）也是一种中介机构，它们从制造企业或者批发企业那里购买商品，然后再将商品转售给消费者。很多零售企业既销售商品又提供服务。

（二）商业企业的特征

1. 以商品的购、销、运、存为基本业务

商业企业的这一特征是与生产企业相比而言的。生产企业主要是借助机器和机器体系对原材料进行加工，使之生产出符合社会生产和人民生活需要的产品。而商业企业则主要是通过对商品的购进和销售以及因此而必需的运输和储存业务，完成商品由生产领域到消费领域转移的过程，满足消费的需要。商品的购进、运输、储存、销售也是流通过程中的四个基本环节。它们在流通过程中各自处于不同的地位，起不同的作用。合理组织商品流通的四个基本环节，是实现流通的基本要求和提高流通经济效益的重要途径，也是商业企业的基本职能。

2. 对经营的商品基本上不进行加工或只进行浅度加工

通常情况下，商业企业的主要职能是组织商品的流通，实现商品的使用价值和价值。与生产企业不同，它们对经营的商品基本上不进行加工或只进行浅度加工。大部分商品，特别是生产资料中的机电产品和大部分消费品，经过流通过程其使用价值和外部形态不发生变化。

随着流通规模的扩大，为解决生产的少品种、大批量、专业化，与消费多样化之间的矛盾，流通加工发展较快。从开始时的装袋、分包、贴标签、折弯、打眼等简单形式，向按照用户需要进行金属材料剪裁切割，木材精细加工，平板玻璃套裁，混凝土和水泥制品加工，型煤及工业配煤等高级和复杂形式发展。

3. 实现商品使用价值的运动和价值形态的变化

生产企业通过对原材料和半成品进行加工、制造，改变其内部结构、外部形态和物理化学性能，从而形成新的使用价值。在该过程中付出的活劳动也物化到产品中去，创造出新的价值。进入流通领域，商业企业通过购进、运输、储存、销售等一系列流通活动，将商品由生产企业转移到消费者或用户手中，完成商品的空间位移和价值形态变化。商品的使用价值保持不变，商品的价值在商流（购进和销售）中也保持不变。在这一过程中，商业企业要投入一定的物化劳动和活劳动，从而发生一定的流通费用。

4. 商业企业的"商业利润"主要来自生产企业的让渡

商业企业的利润由让渡利润、追加利润、级差利润、转移利润和管理利润构成，而让渡利润是基本形式和最主要的组成部分。

从形式上看，商业利润表现为商品售卖价格高于购买价格的余额，它似乎是在流通领域内产生的。但事实上，资本在流通领域内是不能自行增值的。流通中单纯的加价绝对不是商业利润的真正源泉，而只是商业企业获取商业利润的方式。由于商业企业专门为生产企业经营推销商品的业务，为生产企业节约了大量的商品流通费用，加速了资金的周转，因此，生产企业就必须把一部分利润让渡给商业企业，作为商业利润。这一让渡是由商品的价格差额来实现的。即生产企业按照生产价格把商品卖给流通企业，商业企业再按商品的批发价格或零售价格把商品出售给消费者，从而获得商业利润。

生产企业向商业企业让渡商业利润是在双方的竞争中实现的。竞争的结果是双方的资金利润率趋向平均，让渡顺利进行。如若生产企业的平均资金利润率高于商业企业的平均资金利润率，资金就会向生产企业转移，导致流通萎缩；如若生产企业的平均资金利润率低于商业企业的平均资金利润率，资金就会向商业企业转移，导致流通规模的扩大。

5. 经营周期短，资金周转快

6. 商业企业比生产企业更接近市场

（三）商业企业与工业企业的区别

1. 商业企业在资金周转过程中少了生产这个环节

生产过程受技术条件、自然力作用、产品特点等因素的制约，往往要持续一段时间。在这段时间内，若资金周转发生中断，则整个经营周期相应延长。尽管不同生产企业的生产周期不同，但同商业企业相比，从总体上看，时间较长，资金周转较慢。

2. 同生产企业相比商业企业流动资金占资金总量的比重要大

商业企业对经销的商品基本上不进行加工，免去了加工机械和厂房的支出，资金除部分用于物流环节中仓储、运输机械的购置外，其余大部分垫支于经销的商品。所以，在商业企业的资金结构中，流动资金占的比重较生产企业要大。一般说来，流动资金较固定资金的周转要快得多，因此，总的看来，商业企业的资金周转速度比生产企业要快。

3. 商流和物流的分离加速了商业企业的资金周转

商流和物流的分离是流通企业为加快流通速度、降低流通费用而经常采用的举措。物流较商流持续时间长、费用高，在商流环节不变的情况下，通过商流和物流的分离，减少物流环节，可以大大缩短经营周期，加快资金周转。

二、商业企业的资金运动

三、商业企业成本核算

1. 数量进价金额核算方法

对于批发商品，在实际工作中一般采用数量进价金额核算方式。一般来说，批发销售的商品应按商品进货原价记账，结转销售成本时可以采用数量进价金额核算法。这是以实物数量和进价金额两种计量单位反映商品进、销、存情况的一种方法。主要内容包括：

（1）"库存商品"的总分类账和明细分类账统一按进价记账。总分类账反映库存商品进价总值；明细分类账反映各种商品的实物数量和进价金额。

（2）"库存商品"明细账按商品的编号、品名、规格、等级分户，按商品收、付、存分栏记载数量和金额，数量要求永续盘存。

（3）根据企业经营管理需要，在"库存商品"总分类账和明细分类账之间，可设置"库存商品"类目账，按商品大类分户，记载商品进、销、存金额。

（4）在业务部门和仓库设置商品账，分户方法与"库存商品"明细账相同，记载商品收、付、存数量，不记金额。

（5）根据商品的不同特点，可以选择采用先进先出法、加权平均法、移动加权平均法、个别计价法、毛利率法等方法定期计算和结转已销商品的进价成本。

数量进价金额核算法的优点是能全面反映各种商品进、销、存的数量和金额，便于从数量和金额两个方面进行控制。但由于每笔进、销货业务都要填制凭证，按商品品种逐笔登记明细分类账，核算工作量较大，手续较繁，一般适用于规模较大、经营金额较大、批量较大而交易笔数不多的大中型批发企业。下面，简要说明先进先出法、加权平均法、毛利率法的具体应用。

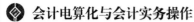

例1 A商贸有限公司7月服装B商品增减变动及成本结算情况如表2-1所示。

表2-1 B商品库存明细账（先进先出法）

类别：服装　　　　品名：B　　　　规格：L　　　　计量单位：件　　　　金额单位：元

2018年		摘要	增加			减少			结存		
月	日		数量	单价	金额	数量	单价	金额	数量	单价	金额
7	1	上期结存							1400	38	53200
	5	购进	1200	38.7	46440				2600		99640
	8	销售				1000		38000	1600		61640
	15	购进	1800	38.20	68760				3400		130400
	20	销售				2000		76920	1400		53480
	25	购进	1000	38.5	38500				2400		91980
	28	销售				1600		61180	800		30800
	30	本月合计	4000		153700	4600		176100	800	38.50	30800

（1）6月8日销售商品成本：1000×38＝38000（元）

（2）6月20日销售商品成本：400×38＋1200×38.70＋400×38.2＝76920（元）

（3）6月28日销售商品成本：1400×38.2＋200×38.5＝61180（元）

毛利率法就是根据本月实际销售额，按照上季实际毛利率或本季计划毛利率来匡算本月销售毛利，从而倒轧出本月主营业务成本。其计算公式如下：

本月销售毛利＝本月销售收入总额×上季实际或本季计划毛利率

本月主营业务成本＝本月销售收入总额－本月销售毛利

或：本月主营业务成本＝本月销售收入总额×（1－上季实际或本季计划毛利率）

设该公司采用毛利率法计算销售商品成本。该公司上一季度的实际毛利率为30%，本月三批商品的销售收入分别为48260元、101520元和76540元。

则6月A商品的销售成本可计算如下：

本月销售毛利＝（48260＋101520＋76540）×30%＝67896（元）

本月主营业务成本＝226320－67896＝158424（元）

相对来说，采用毛利率法计算商品的销售成本比较简便。但是，在前后期的实际毛利率变化较大的情况下，该法计算的结果便不够准确。

2. 加权平均法

加权平均法是以数量为权数计算各种商品的平均单位成本，从而确定销售商品实际成本的一种方法。在实际工作中，通常根据本月购入商品及月初结存商品的数量和单价，于月末一次计算加权平均单价。其计算公式如下：

$$某商品加权平均单价 = \frac{某商品月初结存金额 + 某商品本月购入金额}{某商品月初结存数量 + 某商品本月购入数量}$$

某商品本期销售成本 = 某商品本期销售数量×某商品加权平均单价

采用加权平均法，每月计算一次平均单价，核算简便而且较合理。但在这种方式下，商品平均单价要等到月末才能计算出来，有时会影响核算的及时性。

四、商业企业主要会计核算（一般纳税人）

1. 购进商品

借：库存商品——××商品
　　应交税费——应交增值税（进项税额）
　　　贷：应付账款——各供应商或银行存款
如果是小规模纳税人
借：库存商品——××商品
　　　贷：应付账款——各供应商/银行存款

2. 销售商品

借：库存现金/银行存款 /应收账款
　　　贷：主营业务收入——××商品
　　　　　应交税费——应交增值税（销项税额）
如果是小规模纳税人
借：库存现金/银行存款 /应收账款
　　　贷：主营业务收入——××商品
　　　　　应交税费——应交增值税

3. 结转商品成本（一般纳税人与小规模相同）

借：主营业务成本——××商品
　　　贷：库存商品——××商品

4. 计提附加税金

借：税金及附加
　　　贷：应交税费——应交城建税

　　　　　　　　——应交教育费附加

　　　　　　　　——应交地方教育费附加

　　　　　　　　——应交印花税

5. 缴纳税金

借：应交税费——应交增值税（未交增值税）

　　　　　　——应交城建税

　　　　　　——应交教育费附加

　　　　　　——应交地方教育费附加

　　　　　　——应交印花税

　贷：银行存款

　　　如果是小规模纳税人

借：应交税费——应交增值税

　　　　　　——应交城建税

　　　　　　——应交教育费附加

　　　　　　——应交地方教育费附加

　　　　　　——应交印花税

　贷：银行存款

6. 月末结转应交增值税

（1）计算应交增值税。

销项税额－进项税额－以前留抵进项税额＝本期应交增值税

（2）结转。

如果本期应交增值税＞0，做如下会计分录

借：应交税费——应交增值税（转出未交增值税）

　　贷：应交税费——应交增值税（未交增值税）

如果本期应交增值税＜0，不进行账务处理，直接作为留抵税额

7. 发生销售退回时（需要按规定向购货方开具增值税红字专用发票）

借：主营业务收入——××商品

　　应交税费——应交增值税（销项税额）

　　贷：银行存款/应收账款——××客户

借：库存商品——××商品

　　贷：主营业务成本——××商品

第二节　工业企业会计概述及核算特点

一、工业企业的概念

工业企业是指为满足社会需要并获得盈利从事工业性生产经营活动或工业性劳务活动、自主经营、自负盈亏、独立核算并且有法人资格的经济组织。

二、工业企业的分类

（一）轻工业指主要提供生活消费品和制作手工工具的工业

常见的有纺织、缝纫、食品、饮料、造纸、印刷、玻璃、办公、机械等。

（二）重工业指为国民经济各部门提供物质技术基础的主要生产资料的工业

常见的有采掘、冶炼、电力、水泥、农药等。

三、工业企业会计核算重点

（一）工业企业资金运动（如图 2-1）

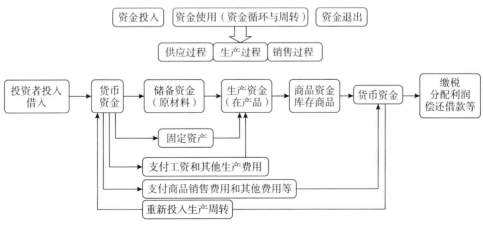

图 2-1　工业企业资金运动

（二）工业企业会计核算的重点

从资金运动的角度来看，工业企业与商业企业相比，多了生产环节。包括投料、生产工人、场地费用、产成品入库等。对于生产环节最重要的就是要进行成本核算。

四、工业企业成本核算

第一步　确定成本对象。

成本对象是指归集和分配生产费用的具体对象。

因为每个工业企业的生产工艺、生产方式以及成本和成本管理要求不同，成本对象也不同。

第二步　根据成本对象按成本项目归集费用。

根据成本对象归集直接材料、直接人工、制造费用。

直接材料是直接用于生产产品并构成产品实体的原材料、辅料和动力、包装物及低值易耗品等。

直接人工是指企业直接从事产品生产人员的工资、奖金、津贴和补贴、职工福利费等。

制造费用是指直接或间接用于产品生产，但又不便于直接计入产品成本，以及没有专设成本项目的各项费用。

成本项目设置好后，生产过程中发生的各类费用根据成本对象按成本项目来归集，凡是直接为生产某成本对象发生的直接材料、直接人工、制造费用等直接计入，不能直接计入的分配计入。

第三步　按照一定的分配标准进行分配，计算完工产品成本。

成本对象和项目确定后，对于发生的各类生产费用就要根据成本对象按各成本项目进行归集，所以在成本核算中会涉及生产费用的多种分配，主要有直接材料的分配、直接人工的分配、制造费用的分配、在产品和完工产品的分配。

第四步　结转完工产品成本。

产品完工后，从车间转移到成品仓库。会计核算上要将完工产品成本从"生产成本"结转到"库存商品"。

五、工业企业生产核算环节的主要会计分录

1. 购入原材料

一般纳税人

借：原材料——××材料

　　应交税费——应交增值税（进项税额）

　　　贷：银行存款/应付账款——××供应商

　　　　小规模纳税人

借：原材料——××材料

　　　贷：银行存款/应付账款——××供应商

2. 领料（根据领料单）

借：生产成本——直接材料（××产品）

　　　贷：原材料——××材料

3. 计提车间人员工资

借：生产成本——直接人工（××产品）

　　　贷：应付职工薪酬

4. 归集分配制造费用

（1）车间管理人员工资

借：制造费用——工资

　　　贷：应付职工薪酬

（2）发生车间场地租金、水电、维修等费用

借：制造费用

　　　贷：银行存款/库存现金

（3）分配制造费用

借：生产成本——制造费用（××产品）

　　　贷：制造费用

5. 成本完工入库结转产品成本（根据：产品成本计算表及入库单）

借：库存商品——××商品

　　　贷：生产成本——直接材料（××产品）

　　　　　　——直接人工（××产品）

　　　　　　——制造费用（××产品）

第三节 建筑企业会计概述及核算特点

一、建筑企业的概念

建筑企业是指依法自主经营、自负盈亏、独立核算，从事建筑商品生产和经营，具有法人资格的经济实体。具体地讲，建筑企业是指从事铁路、公路、隧道、桥梁、堤坝、电站、码头、机场、运动场、房屋（如厂房、剧院、旅馆、医院、商店、学校和住宅等）等土木工程建筑活动，从事电力、通信线路、石油、燃气、给水、排水、供热等管道系统和各类机械设备、装置的安装活动，从事对建筑物内、外装饰装修的设计、施工和安装活动的企业。

二、建筑企业的核算特点

（一）建筑企业的核算对象

建筑企业的核算对象是企业的资金运动，包括工资的核算，材料的核算，固定资产的核算，工程成本和附属、辅助生产单位的成本核算，固定资金和流动资金的核算，工程价款及财务成果的核算，专项基金的核算，货币资金及备用金的核算等。

（二）建筑企业核算特点

（1）由于施工流动、分散，形成多层次的分级核算。

（2）建筑施工中使用的周转材料（模板、架设材料等）的计提摊销，采用近似固定资产的核算办法。

（3）单独设立"机械作业"科目，汇集使用施工机械发生的各项费用，按各个工程项目使用的机械台班数量（或完成产量）分别摊销，并计入成本。

（4）由于生产周期长和产品的单件性，采用中间结算办法，按月向发包人结算已完施工（假定产品）价款。在经济体制改革中，对当年开工、当年竣工的工程项目或单项工程，已经实行全部工程竣工后一次结算的办法。

（三）建筑企业会计核算

依据营业税改征增值税试点实施办法的规定，纳税人提供建筑服务在实际取得的预收款以及合同约定的收款日，产生增值税纳税义务。先开具增值税发票的，纳税义务发生时间为开具发票的当天，但会计上应按照完工百分比法核算收入和成本。因此，会计和税务处理就存在一定的差异性，建筑服务企业会计处理如下（2018 年 5 月 1 日以后）：

（1）取得预收账款时开具增值税发票

借：银行存款

　　贷：预收账款

应交税费——应交增值税（销项税额）（全部价款＋价外费用）÷（1＋10%）×10%

或者：

借：银行存款

　　贷：预收账款

应交税费——简易计税（全部价款＋价外费用）÷（1＋3%）×3%

按规定预交增值税时：

借：应交税费——预交增值税

　　贷：银行存款

月末，结转预缴税款

借：应交税费——未交增值税

　　贷：应交税费——预交增值税

使用简易计税办法的

借：应交税费——简易计税

　　贷：银行存款

（2）外购建筑材料等，取得的增值税专用发票等合法扣税凭证

借：库存材料等科目

　　应交税费——应交增值税（进项税额）

　　贷：银行存款

（3）领用建筑材料、支付分包价款时

借：工程施工——成本（材料）

　　贷：原材料

借：工程施工——成本（分包款）

　　应交税费——应交增值税（进项税额）

贷：银行存款

建筑材料等若用于简易计税项目，应于领用时转出进项税额：

借：工程施工——成本（材料等）

　　贷：原材料

　　　　应交税费——应交增值税（进项税额转出）

（4）每月按完工百分比法确认收入、成本

借：工程施工——合同毛利

　　主营业务成本

　　贷：主营业务收入

按照总包扣除分包后的差额作为销售额时，按照应抵减的增值税：

借：应交税费——应交增值税（营改增抵减的增值税）

　　贷：主营业务成本

（5）结算工程价款时开具增值税发票

借：应收账款

　　贷：工程结算

　　　　应交税费——应交增值税（销项税额）

（6）每月按照实际缴纳的增值税（含异地预缴数）计算的城建税、教育费附加、地方教育附加

借：税金及附加

　　贷：应交税费——应交城市维护建设税

　　　　应交税费——应交教育费附加

　　　　应交税费——应交地方教育附加

（7）工程竣工决算

借：工程结算

　　贷：工程施工——合同成本

　　　　工程施工——合同毛利

此外，建筑企业在 2016 年 4 月 30 日之前按照完工百分比法确认的收入，但合同约定的结算期在 2016 年 5 月 1 日之后，应当缴纳增值税。企业应冲回多提的营业税及附加，同时调整主营业务收入、应交营业税科目金额。调账分录如下：

借：工程施工——毛利（红字）

　　贷：主营业务收入（红字）

同时：

借：税金及附加（红字）

　　贷：应交税费——应交营业税等（红字）

待实际结算时：

　　借：应收账款或银行存款

　　　　贷：工程结算

　　　　　　应交税费——应交增值税（销项税额）

第四节　房地产企业会计概述及核算特点

一、房地产企业的概念

　　所谓房地产企业，是指从事房地产开发、经营、管理和服务活动，并以营利为目的进行自主经营、独立核算的经济组织。房地产是指土地、建筑物及固着在土地、建筑物上不可分离的部分及其附带的各种权益。房地产由于其自己的特点，即位置的固定性和不可移动性，在经济学上又被称为不动产。可以有三种存在形态，即土地、建筑物、房地合一。在房地产拍卖中，其拍卖标的也可以有三种存在形态，即土地（或土地使用权）、建筑物和房地合一状态下的物质实体及其权益。

二、房地产开发经营项目主要流程

　　房地产企业开发过程中会涉及土地管理、城市规划、建设管理、市政管理、房地产管理等政府部门，整个项目开发要经历立项、设计、施工、验收、交付使用五个阶段。

　　1. 立项阶段

　　房地产开发企业通过招、拍、挂方式（招标、拍卖、挂牌）与政府获取土地并签定《土地出让合同》，取得《国有土地使用证》。然后到规划局审核土地是否符合城市规划，如果符合办理并取得《建设用地规划许可证》。之后由发改委审核项目总投资、项目投资计划，并办理并取得《固定资产投资许可证》。

2. 设计阶段

开发商委托设计院按照土地指标进行房地产项目进行规划设计、方案设计、施工图设计，设计完成后由规划局审核是否符合规划、规范和环境要求；是否符合消防要求。如果符合办理并取得《建设工程规划许可证》。

3. 施工阶段

房地产开发企业缴清土地价款，并且落实好施工企业，资金到位后向建设局申请开工，建设局审核资金是否落实，审查施工企业资质，审核通过后颁发《建设工程施工许可证》。之后施工单位、监理单位进场、执行施工图，将设计蓝图变为现实。

4. 验收阶段

房地产开发项目进入验收阶段，由规划、消防、环保、电梯、燃气等部门对隐蔽工程进行随时验收，主体工程最早验收、专项工程分部验收，并颁发主体工程竣工验收合格证、分项工程竣工验收合格证。

勘察、设计、施工、监理部门进行最后竣工验收并出具《建设工程竣工验收报告》到建设局备案监督并填报《工程竣工验收备案证明书》。

5. 交付使用

由国土资源局和房地产管理局对符合预售条件的项目办理核发《预售许可证》或《销售许可证》。房地产开发商取得了《预售许可证》就可以证明该项目在规划、工程、土地使用等方面通过了政府的批准，就具备了将开发的商品房进入市场交易的资格。这个时候房地产开发商就可以与业主签订《房屋买卖合同》并交付使用，同时办理《房屋所有权证》《住宅质量保证书》及《住宅使用说明书》。

房地产商在预售商品房时应具备《建设用地规划许可证》《建设工程规划许可证》《建筑工程施工许可证》《国有土地使用证》和《商品房预售许可证》，这就是俗称的"房地产五大证"。

三、房地产开发企业主要会计核算

1. 通过招、拍、挂取得土地

支付竞拍保证金

借：其他应收款——竞拍保证金

　　贷：银行存款

竞拍成功支付拍卖佣金

借：开发成本——土地征用及拆迁补偿费——土地征用费

　　贷：银行存款

　　　　取得财政部门开具的土地出让金专用收据

借：开发成本——土地征用及拆迁补偿费——土地出让金

　　贷：银行存款

　　　　其他应收款——竞拍保证金

缴纳契税及印花税

借：开发成本——土地征用及拆迁补偿费——契税

　　税金及附加——印花税

　　贷：银行存款

2. 开发阶段会计处理

（1）包工包料和发包方控料（甲控材）

收到施工企业的工程发票时

借：开发成本——××项目——基础设施费

　　　　——××项目——建筑安装工程费

　　　　应交税费——应交增值税（进项税额）

　　贷：银行存款

（2）采购的二次供水设备和中央空调等入库

借：工程物资　　二次供水设备

　　　　——中央空调

　　应交税费——应交增值税（进项税额）

　　贷：银行存款

3. 发出商品用于项目开发

借：开发成本——××项目——公共配套设施费

　　　　——××项目——建筑安装工程费

　　贷：工程物资——二次供水设备

　　　　——中央空调

4. 前期工程费归依

借：开发成本——××项目——前期工程费——规划建设费

        ——报批报建费

        ——勘察丈量费

        ——"三通一平"费

        ——临时设施费

        ——其他

  应交税费——应交增值税（进项税额）

   贷：银行存款——应付账款等

5. 支付建设单位备料款

 借：预付账款——预付工程款——建设单位

   贷：银行存款

6. 收到建设单位工程结算单时

 借：开发成本

   贷：预付账款——预付工程款——建设单位

    银行存款

7. 支付开发间接费用

 借：开发间接费用

   贷：银行存款

8. 结转开发间接费用

 借：开发成本——××项目——开发间接费用

   贷：开发间接费用

9. 开发产品达到预定可使用状态，结转完工开发产品成本

 借：开发产品

   贷：开发成本

10. 销售收入的会计核算

 借：预收账款/应收账款

   贷：主营业务收入

    应交税费——应交增值税（销项税额）

11. 结转开发产品成本

结转的已实现销售开发产品成本 = 实现的销售面积 × 该开发产品单位面积成本

借：主营业务成本

贷：开发产品

第五节 全面预算概述

一、全面预算的概念

全面预算是通过对企业内外部环境的分析，在预测与决策的基础上，调配相应的资源，对企业未来一定时期的经营和财务等做出一系列具体计划。预算计划的数字化、表格化、明细化的表达，体现了预算的全员、全过程、全部门的特征。

二、全面预算发展历程

1921 年美国（预算与会计法案）的颁布，是预算控制思想过程中的又一个里程碑。

1922 年著名学者麦金西依据该法案的精神编写的《预算控制》，标志着公司预算管理制度的初步形成。

1999 年至今，我国企业实施全面预算管理的数量持续增长。

2002 年 2 月，财政部颁发了《关于企业实行预算管理的指导意见》，对国有企业实施全面预算管理提出明确要求。

2010 年，财政部会同证监会、审计署、银监会、保监会制定了《企业内部控制应用指引第 1 号——组织架构》等 18 项应用指引、《企业内部控制评价指引》和《企业内部控制审计指引》其中，第 15 号即为"企业内部控制应用指引第 15 号——全面预算"。

三、全面预算编制基本流程（如图 2 – 2）

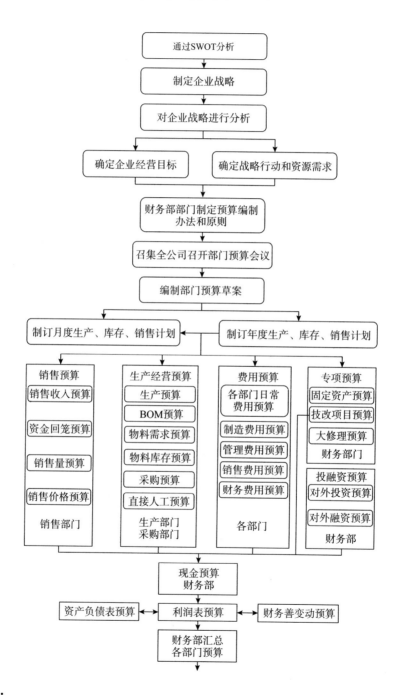

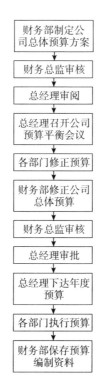

图 2－2　全面预算流程图

第六节　"金税三期"概述

一、"金税三期"的概念

金税工程是经国务院批准的国家级电子政务工程，是国家电子政务"十二金"工程之一，是税收管理信息系统工程的总称。自 1994 年开始，金税工程历经金税一期、金税二期、金税三期建设，推动了税收征管和纳税服务的持续优化升级。

二、"金税三期"工程的总体目标

"金税三期"工程的总体目标是：建立"一个平台、两级处理、三个覆盖、四类系统"。

"一个平台"指包括网络硬件和基础软件的统一的技术基础平台。

"两级处理"指依托统一的技术基础平台，逐步实现数据信息在总局和省局集中处理。

"三个覆盖"指覆盖所有税种，覆盖所有工作环节，覆盖各级国、地税机关并与相关部门联网。

"四类系统"指以征管业务为主，包括行政管理、外部信息和决策支持在内的四大应用系统软件。

三、推广应用"金税三期"

"金税三期"是税务机关为纳税人提供优质高效的纳税服务的重要基础，对进一步规范税收执法、优化纳税服务、提高全国税收信息化管理水平具有重要意义。

（一）统一的需要

国家税务总局明确，2016 年完成"金税三期"推广工作，推动全国税务系统使用同一个信息化平台，税务核心征管软件，使税收工作与互联网深度融合，实现税收治理现代化。

（二）规范的需要

推广应用"金税三期"是落实纳税服务规范、税收征管规范、国地税合作规范等的技术保障，有利于推动税收业务规范化管理、标准化运行，实现服务一把尺子、征管一个标准。

（三）共享的需要

"金税三期"实施全国数据大集中，统一规范数据采集的入口、标准，实现了国家税务总局与各省税务机关之间、省级税务机关之间、税务机关与外部门之间的数据共享。通过数据共享，便于纳税人异地查询和办理涉税事项。

（四）提升的需要

"金税三期"通过确立以纳税人为中心的规划理念，优化重组业务、涉税事项、流程和表单，减轻纳税人不必要的办税负担，强化纳税人权益保护，满足纳税人多方位的纳税服务需求。

四、"金税三期"包括的业务

"金税三期"基本涵盖全部税费征收管理和数据分析利用业务，如图2-3所示，分为征收管理、决策支持、纳税服务、外部信息交换四类业务。具体包括登记、认定、优惠、证明、申报、征收、发票、票证、评估审计、稽查、法制、综合12个业务域和车购税专题、社保费专题、出口退税专题、非居民专题、特别纳税调整专题、个人税收专题六个业务专题。

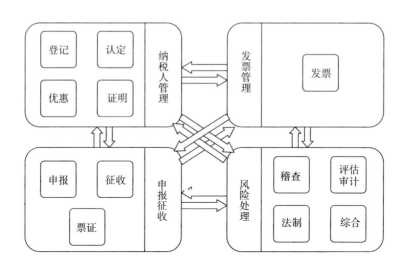

图 2 - 3　"金税三期"的业务

第三章　会计财务软件的运用及企业常用 Excel 函数运用

出纳岗位能力要求：

1. 了解财务软件的概念

2. 了解财务软件的种类

3. 了解财务软件有哪些模块

4. 运用各种总分类账、日记账、明细账和有关辅助账

5. 录入现金日记账与银行日记账、现金盘点与对账

6. 生成各种出纳工作报表

7. 借款单管理、支票管理、汇票管理

8. 所有模式的 Excel 报表输出

9. 运用工资系统的登录

10. 运用工资计算

11. 运用工资查询

12. 运用工资表导出

13. 运用打印报表

14. 运用常用 Excel 表格及函数运用

会计岗位能力要求：

1. 了解财务软件概念

2. 了解财务软件的种类

3. 熟悉财务应用流程

4. 熟悉系统初始化的特点和作用

5. 重点掌握财务软件系统初始化的操作

6. 重点掌握总账系统的操作

7. 重点掌握出纳系统的操作

8. 掌握工资系统的操作

9. 重点掌握固定资产系统的操作

10. 熟悉进销存系统的操作

11. 重点掌握财务报表系统的操作

12. 重点掌握财务报表系统中编制资产负债、利润表

13. 重点掌握 Excel 的简单操作

14. 重点掌握 Excel 中财务人员的常用功能

15. 重点掌握会计人员常用的 Excel 函数

【本章知识结构导图】

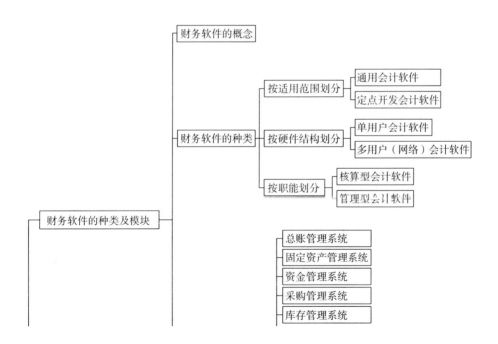

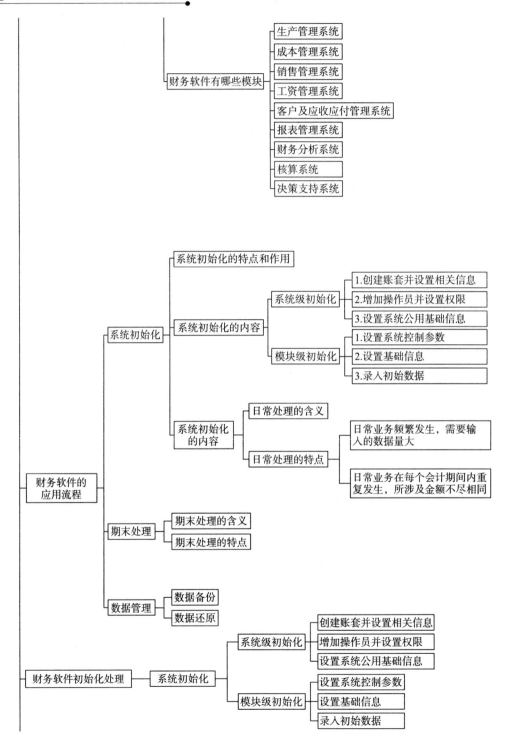

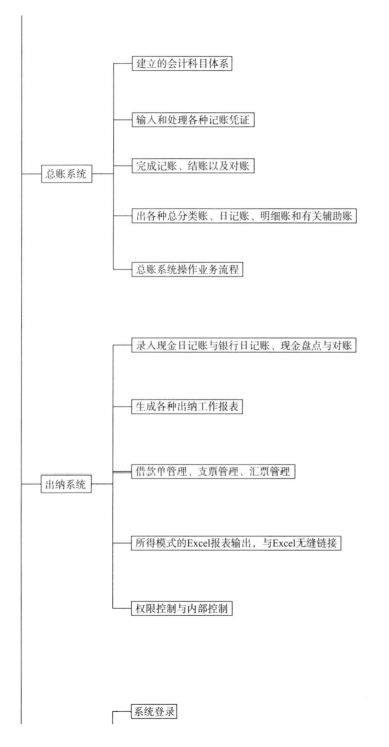

建立的会计科目体系

输入和处理各种记账凭证

完成记账、结账以及对账

出各种总分类账、日记账、明细账和有关辅助账

总账系统操作业务流程

总账系统

录入现金日记账与银行日记账、现金盘点与对账

生成各种出纳工作报表

借款单管理、支票管理、汇票管理

所得模式的Excel报表输出，与Excel无缝链接

权限控制与内部控制

出纳系统

系统登录

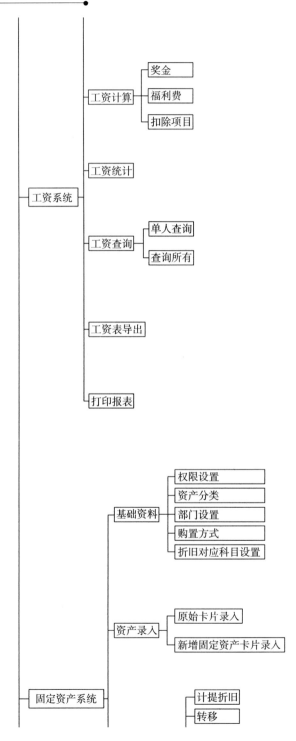

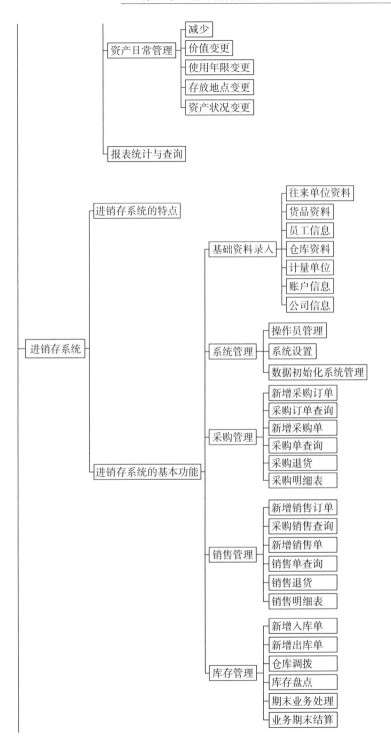

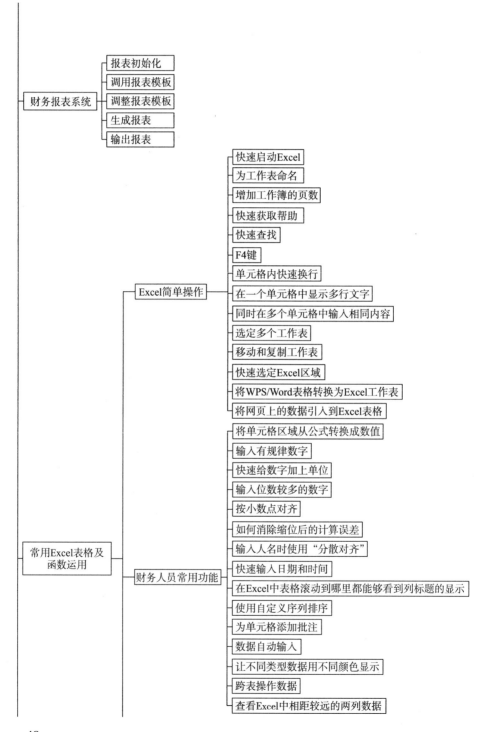

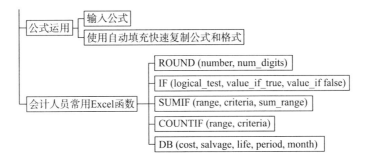

第一节　财务软件的种类及模块

一、财务软件的概念

财务软件是比较常见的企业管理软件。财务软件主要立足于企业财务账目，企业资金账户，企业收支状况等方面的管理，用途明确，使用很简单。财务软件以图形化的管理界面和提问式的操作导航，打破了传统财务软件文字加数字的烦琐模式。

二、财务软件的种类

（一）按适用范围划分

（1）通用会计软件是指在一定范围内适用的会计软件。通用会计软件又分为全通用会计软件和行业通用会计软件。

（2）定点开发会计软件也称为专用会计软件，是指仅适用于个别单位会计业务的会计软件。

（二）按硬件结构划分

（1）单用户会计软件是指将会计软件安装在一台或几台计算机上，每台计算机中的会计软件单独运行，生成的数据只存储在本台计算机中，各计算机之间不能直接进行数据交换和共享。

（2）多用户（网络）会计软件是指将会计软件安装在一个多用户系统的主机（计算机网络的服务器）上，系统中各终端（工作站）可以同时运行，不同终端（工作站）上的会计人员能够共享会计信息。

（三）按取得方式划分

商品化会计软件是指由专门的软件公司组织开发、面向社会销售的，适用程度较高的非商品化会计软件是指不以销售为目的，主要面向本单位应用而开发的，专用程度较高。

非商品化会计软件，是应企业的需求而组织开发的，其具体开发形式有自行开发（本企业系统设计人员自行组织进行会计软件的开发，适用性比较好），委托开发（企业委托专门软件公司进行会计软件开发，专业技术程度高），合作开发（企业与专门软件公司共同参与会计软件的开发，分工协作）。

（四）按职能划分

（1）核算型会计软件是计算机在会计领域的最初应用，强调核算电算化，旨在改善财会工作的劳动强度和核算精度。

（2）管理型会计软件是在核算会计软件的基础上，综合了会计管理的职能，包括事前的预测与决策，事中的控制与管理和事后的核算与分析。

三、财务软件有哪些模块

财务软件的内部一般包含如下子模块或子系统：总账管理系统、固定资产管理系统、资金管理系统、采购管理系统、库存管理系统、生产管理系统、成本管理系统、销售管理系统、工资管理系统、客户及应收应付管理系统、报表管理系统、财务分析系统、核算系统、决策支持系统。

第二节　财务软件的应用流程

会计软件的应用流程一般包括系统初始化、日常处理和期末处理等环节。

一、系统初始化

（一）系统初始化的特点和作用

系统初始化是首次系统使用时，根据企业的实际情况进行参数设置，并录入基础档案与初始数据的过程。

系统初始化是会计软件运行的基础。它将通用的会计软件转变为满足特定企业需要的系统，使手工环境下的会计核算和数据处理工作得以在计算机环境下延续和正常运行。

系统初始化在系统初次运行时一次性完成，但部分设置可以在系统使用后进行修改。系统初始化将对系统的后续运行产生重要影响，因此系统初始化工作必须完整且尽量满足企业的需求。

（二）系统初始化的内容

系统初始化的内容包括系统级初始化和模块级初始化。

1. 系统级初始化

系统级初始化是设置会计软件所公用的数据、参数和系统公用基础信息，其初始化的内容涉及多个模块的运行，不特定专属于某个模块。

系统级初始化内容主要包括：①创建账套并设置相关信息；②增加操作员并设置权限；③设置系统公用基础信息。

2. 模块级初始化

模块级初始化是设置特定模块运行过程中所需要的参数、数据和本模块的基础信息，以保证模块按照企业的要求正常运行。

模块级初始化内容主要包括：①设置系统控制参数；②设置基础信息；③录入初始数据。

二、日常处理

1. 日常处理的含义

日常处理是指在每个会计期间内，企业日常运营过程中重复、频繁发生的业务处理过程。

2. 日常处理的特点

（1）日常业务频繁发生，需要输入的数据量大。

（2）日常业务在每个会计期间内重复发生，所涉及金额不尽相同。

三、期末处理

（一）期末处理的含义期末处理

期末处理是指在每个会计期间的期末所要完成的特定业务。

（二）期末处理的特点

（1）有较为固定的处理流程。
（2）业务可以由计算机自动完成。

四、数据管理

在会计软件应用的各个环节均应注意对数据的管理。

（一）数据备份

数据备份是指将会计软件的数据输出保存在其他存储介质上，以备后续使用。数据备份主要包括账套备份、年度账备份等。

（二）数据还原

数据还原又称数据恢复，是指将备份的数据使用会计软件恢复到计算机硬盘上。它与数据备份是一个相反的过程。数据还原主要包括账套还原、年度账还原等。

第三节　财务软件初始化处理

系统初始化的内容：

1. 系统级初始化

系统级初始化是设置会计软件所公用的数据、参数和系统公用基础信息，其初始化的内容涉及多个模块的运行，不特定专属于某个模块。

系统级初始化内容主要包括：

（1）创建账套并设置相关信息。

（2）增加操作员并设置权限。

（3）设置系统公用基础信息。

2. 模块级初始化

模块级初始化是设置特定模块运行过程中所需要的参数、数据和本模块的基础信息，以保证模块按照企业的要求正常运行。

模块级初始化内容主要包括：

（1）设置系统控制参数。

（2）设置基础信息。

（3）录入初始数据。

第四节　总账系统

一、总账系统的任务

总账系统的任务就是利用建立的会计科目体系，输入和处理各种记账凭证，完成记账、结账以及对账工作，输出各种总分类账、日记账、明细账和有关辅助账。适用于各类企事业单位进行凭证管理、账簿处理、个人往来款管理、部门管理、项目核算和出纳管理等。

可根据需要增加、删除或修改会计科目或选用行业标准科目。

通过严密的制单控制保证填制凭证的正确性。提供资金赤字控制、支票控制、预算控制、外币折算误差控制以及查看科目最新余额等功能，加强对发生业务的及时管理和控制。制单赤字控制可控制出纳科目、个人往来科目、客户往来科目、供应商往来科目。

凭证填制权限可控制到科目，凭证审核权限可控制到操作员。

为出纳人员提供一个集成办公环境，加强对现金及银行存款的管理。提供支票登记簿功能，用来登记支票的领用情况，并可完成银行日记账、现金日记账，随时出最新资金日报表、余额调节表以及进行银行对账。

自动完成月末分摊、计提、对应转账、销售成本、汇兑损益、期间损益结转等业务。

进行试算平衡、对账、结账、生成月末工作报告。

二、总账系统的业务流程（如图 3 -1）

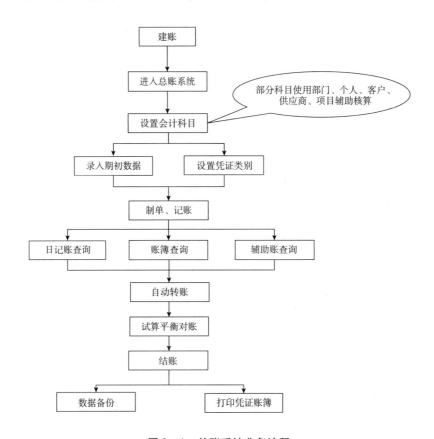

图 3 -1　总账系统业务流程

第五节　出纳系统

出纳管理软件，指为财务科室中出纳工作者提供的能显著提高工作效率、减少工作差错的管理软件。目前，大型软件公司的财务软件一般都有相应的出纳模块，其具有以下功能。

（1）可以核算现金日记账与银行日记账、现金盘点与对账，并且能按照财政部《会计工作规范》打印真账簿。

（2）能够自动生成各种出纳工作报表，比如资金日报表、资金月报表、银行存款余额调节表以及各种分类统计表、现金收支流量表等。报表丰富而且规范，支持多种查询模式，还可以直接导出到 Excel 报表。

（3）借款单管理、支票管理、汇票管理等诸多票据相关的管理工作，在出纳管理软件中这些都是标准配置，具有集中管理、联动操作、自动纠错等先进功能。

（4）系统备有导入导出接口，能够与 Excel 无缝链接，无须修改就可以直接导入系统，并可以从系统中导出。实现了所见即所得模式的报表输出，而且导入功能非常强大，不仅可以导入 Excel 格式报表，各种文本格式的报表也可以直接导入。大家知道各种银行对账单的格式大多还是 csv 格式或者 txt 格式，这个功能对于实现银行存款账户自动对账和生成银行余额调节表来说非常重要。

（5）权限控制与内部控制制度的内嵌。提供完善的权限控制与管理供用户选择与分配，而且软件本身集成财务通用的内部控制制度，从根本上消灭了差错。

第六节　工资系统

随着经济的发展，很多企业正向着大型化、规模化发展，于是大中型企业的员工、职称等跟工资管理有关的信息也随之急剧增加。在这种情况下单靠人工来处理员工的工资不但显得力不从心，而且极容易出错。如何设计一个小型企业工资的数据库管理系统，由计算机代替人工执行诸如增加新员工、删除旧员工、工资查询、统计等一系列操作。这样就使办公人员可以轻松快捷地完成工资管理的任务。

一、企业对工资管理系统的需求

对于企事业单位的工资发放来说，不需要太大型的数据库系统。只需要一个操作方便、功能实用、能同时满足财务部门、单位其他相关部门及代发单位三方对数据的管理及需求的系统。

二、工资系统管理内容

工资系统管理首先要实现工资的集中管理：可供财务人员对本单位的人员以及工资进行增加、删除、修改、查询，对人事的管理及工资发放中的应发工资合计等项目由系统自动进行计算；同时系统还可对人事及工资管理情况进行多角度查询，如图3-2所示。

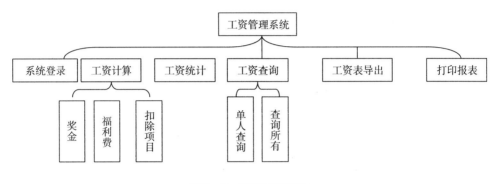

图3-2　工资系统流程

1. 工资的计算

各部门将自己部门的人员考勤情况和事病假情况整合成表格汇总到行政管理部，行政管理部整合出一个单位所有人员的出勤表，同时，各个部门人员的基本工资情况档案也都在行政管理部处。由该部门将所有的数据表包括业绩提成和福利费表以及奖金等汇总得到一份原始的工资表。

2. 扣除项目

根据事病假情况以及五险一金的扣除，还有代扣所得税情况计算扣除工资得到最终的工资发放表。

3. 工资表月报制作及导出打印

根据最终的工资发放表将各部门应发工资情况进行汇总分类，每月月末制作一份工资月报交给管理层，方便其进行成本研究以及作为相关管理活动的依据。

第七节　固定资产系统

固定资产管理信息系统，是以企业固定资产为管理对象，以资产台账为基础，通过对固定资产运转生命周期和经济生命周期进行动态、可视化管理，为煤矿企业搭建起规范化、体系化、协同化资产管理信息化平台。延伸资产合并拆分、资产出租等管理业务，与相关系统进行集成应用，有利于创新资产管理模式，实现降本提效，提升煤炭企业资产综合管理水平，并为建立资产长效管理机制打下良好基础。

一、固定资产系统概述

（1）以实物管理为基础，以编码技术的应用为特点。通过先进的编码技术对固定资产实物从购置、领用、转移、盘点、清理到报废等方面进行全方位准确监管，结合多种资产分类统计等报表真正实现"账、卡、物"相符。

（2）固定资产管理过程中，为单位的每一个实物资产都赋予一个唯一的编码标识用数据采集器扫完编码标识后，传入计算机中，准确地完成对该实物的盘点工作。在数据采集器软件中增加自动纠错实时报警功能，可从根本上避免以往人工盘点时难以避免的错盘、漏盘、重盘现象，确保基层实物统计时第一手数据资料的完全真实和可靠性。

（3）具有低值易耗品和资讯类产品的管理功能。

（4）核查和盘点快速准确。

（5）统计查询功能强大、界面清晰友好、操作简单。

（6）自动计提折旧及其他会计信息。

（7）统计报表可以方便快速导出到 Excel 中，让用户自行调整生成更多的报表。

二、固定资产系统的功能模块

（1）基础资料定义：权限设置、资产分类、部门设置、购置方式、经费来源、使用方向、存放地点等。

（2）资产录入、标签打印与张贴。

（3）资产日常管理：折旧、转移、减少、价值变更、使用年限变更、存放地点变更、资产状况变更等。

（4）核查和盘点：数据下转、数据上传、生成盘点报表。

（5）报表统计与查询：资产总和查询、变更记录查询（转移记录、价值变更、使用年限变更、存放地点变更、资产状况变更）、资产减少报表、资产折旧明细表、各种分析表、逾龄资产统计表、资产增长趋势图等。

第八节　进销存系统

进销存系统是为了对企业生产经营中进货、出货、批发销售、付款等进行全程（从接获订单合同开始，进入物料采购、入库、领用到产品完工入库、交货、回收货款、支付原材料款等）跟踪（每一步都提供详尽准确的数据）、管理（有效辅助企业解决业务管理、分销管理、存货管理、营销计划的执行和监控、统计信息的收集等方面的业务问题）而设计的整套方案。

一、进销存系统的特点

（1）实现在线进销存，使用简单、方便，功能完备实用，上手快。

（2）功能强大的销售额统计功能，可以查看年、月、日的详细利润和指定某件商品的销售利润。

（3）极强的综合查询功能，可以按年、月、日查看详细的商品进货记录、销售记录和库存记录。

（4）员工权限自由分配，可以指定员工只有销售商品的权限，而经理则拥有进货、销售、统计等所有权限。

（5）支持图表统计，让您更直观地了解您的月销售情况、员工销售情况等。

（6）具有自动升级功能，软件升级后旧版本已录入的数据仍可继续使用。

（7）可以方便地查询或打印需要的数据，支持单张打印，并可导出 Excel 查看。

二、进销存系统的基本功能

（1）基础资料。往来单位资料、货品资料、员工信息、仓库资料、计量单位、账户信息、公司信息等信息都可查询。用户可以快速、直观地查询所需要的数据资料。

（2）系统管理。操作员管理、系统设置、数据初始化系统管理是整个系统的门户，在系统的安全性上起到了不可估量的作用。各种信息要求尽量全面详细，使管理变得更轻松、更有效。

（3）采购管理。这个管理流程包括新增采购订单、采购订单查询、新增采购单、采购单查询、采购退货、采购明细表、货品采购汇总表、供应商采购汇总表、采购订单完成情况等企业采购的各个环节。企业通过虚拟的在线货品目录，可迅速而实时地访问货品信息；通过价格和品质比较，选定产品供应商。

（4）销售管理。这个管理流程包括新增销售订单、销售订单查询、新增销售单、销售单查询、销售退货、销售明细表、货品销售汇总表、客户销售汇总表、销售订单完成情况等企业销售的各个环节。通过销售订单录入与变更，可跟踪管理销售情况；根据货品报价和销售数量可自动开出销售发票，根据发货单产生结算凭证和收货单。

（5）库存管理。这个管理流程包括新增入库单、新增出库单、仓库调拨、库存盘点、期末提供了货品盘点、货品调价以及业务审核等期末业务处理功能，业务期末结算为财务期末结算做了必要的铺垫作用。

（6）财务管理。这个管理流程包括付款单、收款单、其他收入、其他支出、账户查询、应付账款表——单据、应付账款表——往来单位、应收账款表——单据、应收账款表——往来单位。

第九节　财务报表系统

一、会计报表管理系统概述

会计报表管理系统是电算化会计信息系统的重要组成内容之一，也是电算化会计信息系统中一个独立子系统，是为企业内部各管理部门及外部相关部门提供综合反映企业一定时期（点）财务状况、经营成果和现金流量等会计信息的系统。报表管理系统的主要作用是帮助用户及时、方便地编制需要的各种会计报表。一般来说，会计报表管理系统既可独立运行，用于处理日常办公事务，完成表格制作、数据运算、图形分析等电子表的所有功能；也可与总账等其他系统同时运行，为完成电算化会计信息系统的总体目标而服务。

报表管理系统可以按照用户的需要定义企业会计核算和会计管理所要求的任何形式及格式的各种报表，并打印、输出各种格式的内容。另外，对于一些企业常用的财务报表，还可以利用系统的报表模板功能直接生成，既省去自定义的烦琐又能够进行报表的汇总、合并，也可以独立编制现金流量表，来完成能满足企业编制各种财务报表的需要。

为了便于用户编制会计报表，报表管理系统中提供了种类丰富的专用函数，可以方便地直接从账务处理系统接收数据生成财务报表，并进行财务分析和生成相应的统计图表等。因此，正确地认识和理解报表管理系统的基本功能模块及其业务处理的基本流程，对于指导我们从事电算化会计工作有十分重要的意义。

二、报表系统业务流程（如图 3-3）

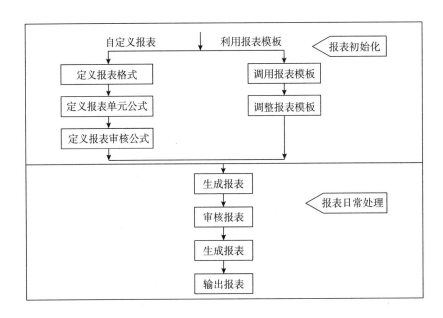

图 3-3　报表系统业务流程

第十节　常用 Excel 表格及函数运用

Excel 是微软办公套装软件的一个重要的组成部分，它可以进行各种数据处理、统计分析和辅助决策操作，因而广泛地应用于管理、统计财经、金融等众多领域。

Excel 在财务会计中的运用实际上就是将 Excel 用于日常会计核算，主要目的在于帮助会计人员提升工作效率。

一、Excel 简单操作

（一）快速启动 Excel

启动系统自动运行 Excel，可以这样操作：

（1）双击"我的电脑"图标，进入 Windows 目录，依次打开"Start Menu \ Programs \ 启动"文件夹。

（2）打开 Excel 所在的文件夹，用鼠标将 Excel 图标拖到"启动"文件夹，这时 Excel 的快捷方式就被复制到"启动"文件夹中，下次启动 Windows 就可快速启动 Excel 了。

（二）为工作表命名

为了便于记忆和查找，可以将 Excel 的 Sheet1、Sheet2、Sheet3 工作命名为容易记忆的名字，有两种方法：

（1）选择要改名的工作表，单击"格式→工作表→重命名"命令，这时工作表的标签上名字将被反白显示，然后在标签上输入新的表名即可。

（2）双击当前工作表下部的名称，如"Sheet1"，再输入新的名称。

（三）增加工作簿的页数

单击"插入→工作表"命令，即可看到一个新名称的工作表。一个工作簿最多可以有 255 张工作表。

（四）快速获取帮助

对于工具栏或屏幕区，按组合键"Shift + F1"，鼠标变成带问号的箭头，用鼠标单击工具栏按钮或屏幕区，就会弹出一个帮助窗口显示该元素的详细帮助信息。

（五）快速查找

在执行查找操作之前，可以将查找区域确定在某个单元格区域、整个工作表（可选定此工作表内的任意一个单元格）或者工作簿里的多个工作表范围内。

在输入查找内容时，可以使用问号（？）和星号（＊）作为通配符，以方便查找操作。问号（？）代表一个字符，星号（＊）代表一个或多个字符。需要注意的问题是，既然问号（？）和星号（＊）作为通配符使用，那么如何查找问号（？）和星号（＊）呢？只要在这两个字符前加上波浪号（～）就可以了。

（六）F4 键

Excel 中有一个快捷键的作用极其突出，那就是 F4 键。作为"重复"键，F4 键可以重复前一次操作，在很多情况下起作用，比如在工作表内加入或删除一行，然后移动插入点并按下 F4 键以加入或删除另一行，根本不需要使用菜单。

（七）单元格内快速换行

我们在使用 Excel 制作表格时经常会遇到需要在一个单元格输入一行或几行文字的情况，如果输入一行后敲回车键就会移到下一单元格，而不是换行，有一个简便实用的操作方法可以实现换行：在选定单元格输入第一行内容后，在换行处按"Alt + 回车键"，即可输入第二行内容，再按"Alt + 回车键"输入第三行以此类推。

（八）在一个单元格中显示多行文字

选定要设置格式的单元格，单击"格式→单元格"命令，在打开的单元格格式对话框中选中"对齐"选项卡下的"自动换行"复选框即可。

（九）同时在多个单元格中输入相同内容

选定需要输入数据的单元格，单元格既可以是相邻的，也可以是不相邻的，然后键入相应数据，按"Ctrl + Enter"键即可。

（十）选定多个工作表

若选择一组相邻的工作表，可先选第一个表，按住 Shift 键，再单击最后一个表的标签；若选不相邻的工作表，要按住 Ctrl 键，依次单击要选择的每个表的标签；若要选定工作簿中全部的工作表，可从表标签快捷菜单中选择"选定全部工作表"命令。

（十一）移动和复制工作表

不仅可以在一个工作簿里移动和复制工作表，还可以把表移动或复制到其他工作簿里。若要移动工作表，只需用鼠标单击要移动的表的标签，然后拖到新的位置即可。

若要复制工作表，只需先选定工作表，按下 Ctrl 键，然后拖动表到新位置即可。当然，用这种方法可以同时移动和复制几个表。移动后，以前不相邻的表可变成相邻表。

（十二）快速选定 Excel 区域

在 Excel 中，要想在工作簿中快速选定某块区域，只需单击想选定的区域的左上角单元格，同时按住 Shift 键不放，再单击想选定的区域的右下角单元格即可。另外，按住 Ctrl 键再用鼠标可任意选定多个不相邻的区域。事实上选定区域和顺序无关，只需首先选定矩形区域的一个角的单元格，在按下 Shift 的同时单击对角单元格。

（十三）将 WPS/Word 表格转换为 Excel 工作表

有时需要将 WPS/Word 编辑过的表格转换成 Excel 工作表，可利用 Excel 的数据库操作、宏操作等功能进行分析、处理，转换方法非常简单。

（1）启动 WPS/Word，打开 WPS/Word 文档，拖动鼠标，选择整个表格，再在"编辑"菜单中选择"复制"命令。

（2）启动 Excel，打开 Excel 工作表，单击目标表格位置的左上角单元格，再在"编辑"菜单中选择"粘贴"命令。注意：若需将老版本的 WPS 表格转换为 Excel 工作表，应先将其用 WPS97/WPS2000/WPS Office 或 Word 打开，再进行转换。

（十四）将网页上的数据引入 Excel 表格

网页上表格形式的信息可以直接从浏览器上复制到 Excel 中，而且效果极佳。可以选中信息并复制它，然后将信息粘贴到 Excel 中，或者可以选中信息并将其拖放到 Excel 中。使用这种"拖放"方法传输和处理任何基于网络的表格数据会显得非常简单并且异常快捷。

二、财务人员常用功能

（一）将单元格区域从公式转换成数值

有时，财务人员可能需要将某个单元格区域中的公式转换成数值，常规方法是使用"选择性粘贴"中的"数值"选项来转换数据。其实，有更简便的方法：首先选取包含公式的单元格区域，按住鼠标右键将此区域沿任何方向拖动一小段距离（不松开鼠标），然后再把它拖回去，在原来单元格区域的位置松开鼠标（此时，单元格区域边框变花了），从出现的快捷菜单中选择"仅复制数值"。

（二）输入有规律数字

有时需要输入一些不是成自然递增的数值（如等比序列：2、4、8……），我们可以用右键拖拉的方法来完成：先在第1、第2两个单元格中输入该序列的前两个数值（2、4）。同时选中上述两个单元格，将鼠标移至第2个单元格的右下角成细十字线状时，按住右键向后（或向下）拖拉至该序列的最后一个单元格，松开右键，此时会弹出一个菜单（），选"等比序列"选项，则该序列（2、4、8、16……）及其"单元格格式"分别输入相应的单元格中（如果选"等差序列"，则输入2、4、6、8……）。

（三）快速给数字加上单位

有时我们需要给输入的数值加上单位（如"立方米"等），少量的我们可以直接输入，而大量的如果一个一个地输入就太慢了。我们用下面的方法来实现单位的自动输入：先将数值输入相应的单元格中（注意：仅限于数值），然后在按住Ctrl键的同时，选取需要加同一单位的单元格，单击"格式→单元格"命令，打开"单元格格式"对话框（），在"数字"标签中，选中"分类"下面的"自定义"选项，再在"类型"下面的方框中输入"#""立""方""米"，按下确定键后，单位（立方米）即一次性加到相应数值的后面。

（四）输入位数较多的数字

大家知道，如果向Excel中输入位数比较多的数值（如身份证号码），则系统会将其转为科学计数的格式，与我们的输入原意不相符，解决的方法是将该单元格中的数值设置成"文本"格式。如果用命令的方法直接去设置，也可以实现，但操作很慢。其实我们在输入这些数值时，只要在数值的前面加上一个小

"'"就可以了（注意：'必须是半角符号）。

（五）按小数点对齐

有以下两种方法使数字按小数点对齐：

（1）选中位数少的单元格，根据需要单击格式工具栏上的"增加小数位数"按钮多次，将不足位数补上 0。

（2）选中位数少的单元格，右键单击选择"设置单元格格式"命令，在弹出的窗口中单击"数字"标签，选中"数值"，在右面的"小数位数"中输入需要的，程序就会自动以 0 补足位数。同样，对于位数多的单元格，如果设置了较少的小数位数，程序会自动去掉后面的数字。

（六）如何消除缩位后的计算误差

有时我们输入的数字是小数点后两位数，但是在精度要求上只要一位，缩位后显示没问题，但其计算结果却是有误差的。解决方法是：单击"工具→选项→重新计算"，选中"以显示值为准"，这样计算结果就没有误差了。事实上并不是计算上有误差，而是显示设置的四舍五入。采用本方法，可以解决显示中的问题，但同时会改变数值的精度，在使用前 Excel 会给你一个警告。

（七）输入人名时使用"分散对齐"

在 Excel 表格中输入人名时为了美观，我们一般要在两个字的人名中间空出一个字的间距。按空格键是一个办法，但是我们这里有更好的方法。我们以一列为例，将名单输入后，选中该列，点击"格式→单元格→对齐"，在"水平对齐"中选择"分散对齐"，最后将列宽调整到最合适的宽度，整齐美观的名单就做好了。

（八）快速输入日期和时间

当前日期选取一个单元格，并按"Ctrl + ;"，当前时间选取一个单元格，并按"Ctrl + Shift + ;"，当前日期和时间选取一个单元格，并按"Ctrl + ;"，然后按空格键，最后按"Ctrl + Shift + ;"。注意：当你使用这个技巧插入日期和时间时，所插入的信息是静态的。

（九）在 Excel 中表格滚动到哪里都能够看到列标题的显示

单击"窗口→冻结窗格"命令，被冻结的列标题不会滚动，而且在移动工作簿的其他部分时，列标题会保持可见。

如果想撤销此功能，点击"窗口"菜单，原来的"冻结窗口"命令；现在变成"撤销窗口冻结"，单击它即可。

（十）使用自定义序列排序

在 Excel 排序对话框中选择主要关键字后单击选项，可以选择自定义序列作为排序次序，使排序方便快捷且更易于控制。顺便说一下，排序可以选择按列或按行，如果以前排行的顺序都是选择性粘贴转置，排完序后再转置。

自定义排序只应用于"主要关键字"框中的特定列。在"次要关键字"框中无法使用自定义排序。若要用自定义排序对多个数据列排序，则须逐列进行。

例如，要根据列 A 或列 B 进行排序，可先根据列 B 排序，然后通过"排序选项"对话框确定自定义排序次序，下一步就是根据列 A 排序。

（十一）为单元格添加批注

Excel 为方便用户及时记录，提供了添加批注的功能，当给单元格进行注释后，只需将鼠标停留在单元格上，就可看到相应的批注。

添加批注的方法是：单击要添加批注的单元格，单击"插入→批注"命令，在弹出的批注框中键入需要批注的文本，输好后单击批注框外部的工作表区域即可。在添加批注之后，单元格的右上角会出现一个小红点，提示该单元格已被添加了批注。将鼠标移到该单元格上就可以显示批注。

（十二）数据自动输入

在 Excel 中，数字、日期和时间等形式的数据可以直接连续输入。

例如，当需要输入 12/10/91～12/10/99 这些连续的日期时，可以先在第一个单元格中输入 12/10/99，然后用鼠标选中该单元格，接着再用鼠标直接拖动单元格右下角的填充柄，按照需要水平向右或者垂直向下移动，即可自动在相邻的单元格中填充 12/10/91、12/10/92……12/10/99 数据。当然也可以单击填充柄，选择需要的序列方式。对于数字而言，还可以实现等差数列和等比数列的连续输入。

（十三）让不同类型数据用不同颜色显示

在工资表中，如果想让大于等于2000元的工资总额以"红色"显示，大于等于1500元的工资总额以"蓝色"显示，低于1000元的工资总额以"棕色"显示，其他以"黑色"显示，我们可以这样设置。

（1）打开"工资表"工作簿，选中"工资总额"所在列，执行"格式→条件格式"命令，打开"条件格式"对话框。单击第二个方框右侧的下拉按钮，选中"大于或等于"选项，在后面的方框中输入数值"2000"。单击"格式"按钮，打开"单元格格式"对话框，将"字体"的"颜色"设置为"红色"。

（2）按"添加"按钮，并仿照上面的操作设置好其他条件（大于等于1500，字体设置为"蓝色"；小于1000，字体设置为"棕色"）。

（3）设置完成后，按下"确定"按钮。看看工资表吧，工资总额的数据是不是按你的要求以不同颜色显示出来了？

（十四）跨表操作数据

设有名称为 Sheet1、Sheet2 和 Sheet3 的 3 张工作表，现要用 Sheet1 的 D8 单元格的内容乘以40%，再加上 Sheet2 的 B8 单元格内容乘以60%作为 Sheet3 的 A8 单元格的内容，则应该在 Sheet3 的 A8 单元格输入以下算式：＝Sheet1！D8×40%＋Sheet2！B8×60%。

（十五）查看 Excel 中相距较远的两列数据

在 Excel 中，若要将距离较远的两列数据（如 A 列与 Z 列）进行对比，只能不停地移动表格窗内的水平滚动条来分别查看，这样的操作非常麻烦而且容易出错。利用下面这个小技巧，可以将一个数据表"变"成两个，让相距较远的数据同屏显示。把鼠标指针移到工作表底部水平滚动条右侧的小块上，鼠标指针便会变成一个双向的光标。把这个小块拖到工作表的中部，便会发现整个工作表被一分为二，出现了两个数据框，而其中的都是当前工作表内的内容。这样便可以让一个数据框中显示 A 列数据，另一个数据框中显示 Z 列数据，从而进行轻松的比较。

三、公式运用

（一）输入公式

单击将要在其中输入公式的单元格，然后键入＝（等号），若单击了"编辑公式"按钮或"粘贴函数"按钮，Excel 将插入一个等号，接着输入公式内容，按 Enter 键。

（二）使用自动填充快速复制公式和格式

想用一种无须输入数字的简单方法在 Excel 中填充数字吗？利用自动填充命

令，可以快速向相邻的单元格复制数据、公式或格式。以下将说明具体的操作方法：选择希望复制的单元格，将光标移到选中单元格的右下角，光标将变成一个黑色的“+”号，点击并按住鼠标右键不放，将光标拖过将要填充的单元格，松开鼠标右键，鼠标右击，在出现的快捷菜单中单击“以序列方式填充”，这一技巧可以在创建电子表格时节省大量时间。

四、会计人员常用 Excel 函数

（一）ROUND（number，num_ digits）四舍五入函数

number：表示需要进行四舍五入的单元格，如果单元格内容非数值型，则返回错误。

num_ digits：需要保留的小数位数

举例：如让 8.699 保留一位小数

函数格式（见图 3－4）：ROUND（8.699，1），结果为 8.7

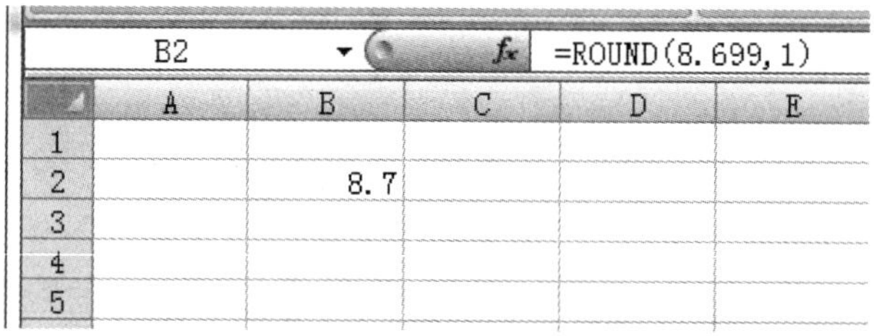

图 3－4

（二）IF（logical_ test，value_ if_ true，value_ if_ false）条件判断函数

判断 logical_ test 的值，如果为真，返回 value_ if_ true，如果为假，则返回 value_ if_ false

logical_ test：任何一个可以判断真假的数值或表达式

举例（见图 3－5）：判断 B4 单元格中的数是否大于 5，大于 5，则返回单元格 B5 中的 6，否则返回单元格 B3 中的数

函数格式（见图 3－6）：IF（B4 >5，B6，B3）及结果

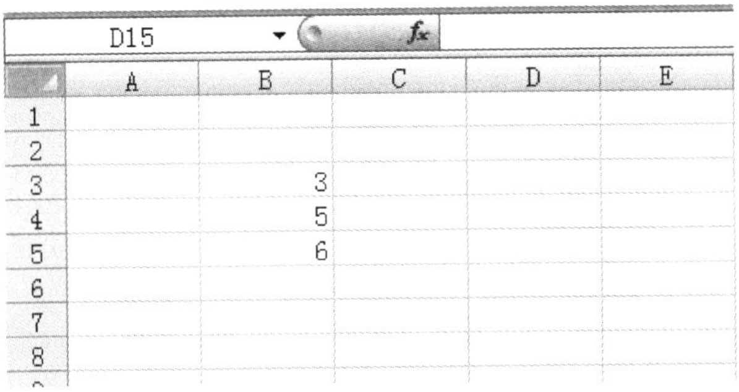

D15　fx

	A	B	C	D	E
1					
2					
3		3			
4		5			
5		6			
6					
7					
8					

图 3－5

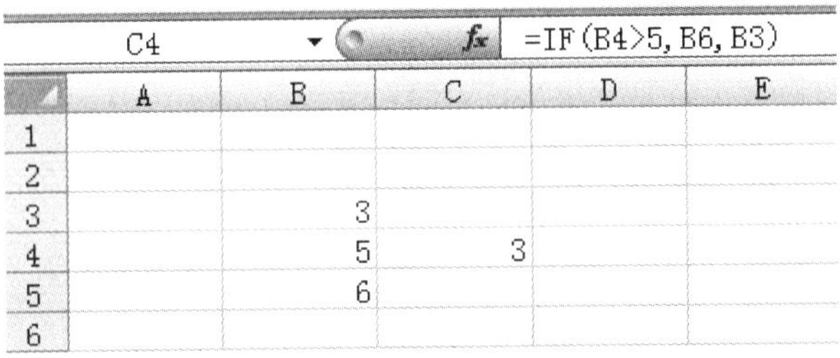

C4　fx　=IF(B4>5,B6,B3)

	A	B	C	D	E
1					
2					
3		3			
4		5	3		
5		6			
6					

图 3－6

（三）SUMIF（range，criteria，sum_ range）条件求和函数

range：计算区域

crlterla：条件（以数字、表达式或文本形式表示）

sum_ range：实际参与计算的区域（可省略）

举例（见图 3－7），在区域 B3：C10 中把所有编码为 a1 的单元格的数据进行求和？

函数格式：SUMIF（B3：C10，B3，C3：C10）

在区域 B3：C10 中把所有编码为 a1 的单元格的数据进行求和

结果为 B3＋B5＋B8＝25＋33＋36＝E3＝94（见图 3－8）

（四）COUNTIF（range，criteria）统一某一区域符合条件的单元格数目

range：要进行计算的非空单元格区域

criteria：需要进行计算时满足的条件

举例（见图 3－9）：对下列区域中大于 30 的数进行个数统计

E7 f_x

	A	B	C	D	E	F
1						
2		编码	数据		a1	
3		a1	25			
4		a2	32			
5		a1	33			
6		a2	45			
7		a2	29			
8		a1	36			
9		a3	31			
10		a3	38			
11						
12						

图 3－7

E3 f_x =SUMIF(B3:C10,B3,C3:C10)

	A	B	C	D	E	F
1						
2		编码	数据		a1	
3		a1	25		94	
4		a2	32			
5		a1	33			
6		a2	45			
7		a2	29			
8		a1	36			
9		a3	31			
10		a3	38			
11						
12						

图 3－8

D17 f_x

	A	B	C	D	E
1					
2		编码	数据		
3		a1	25		
4		a2	32		
5		a1	33		
6		a2	45		
7		a2	29		
8		a1	36		
9		a3	31		
10		a3	38		
11					

图 3－9

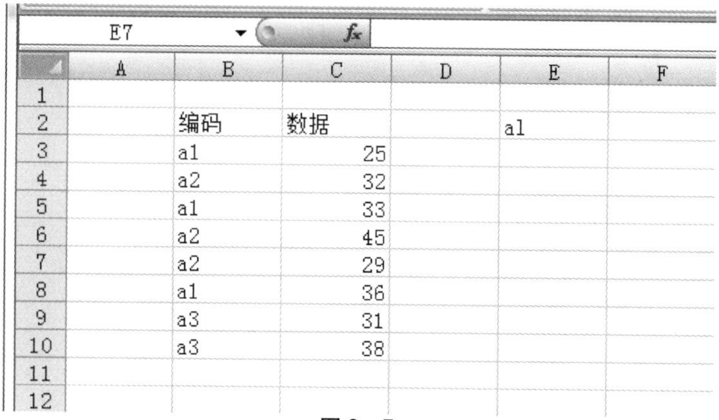

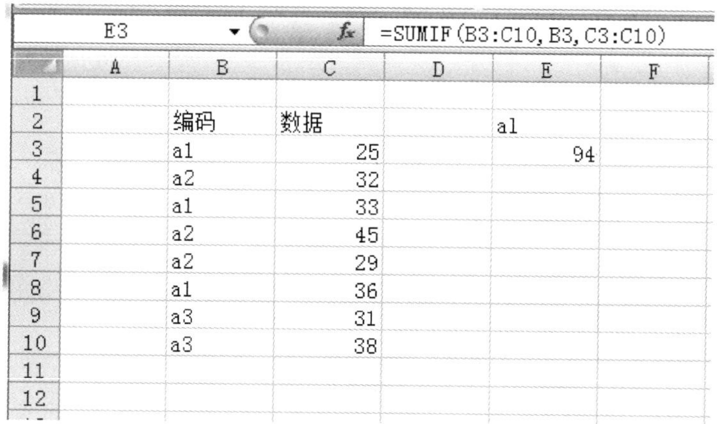

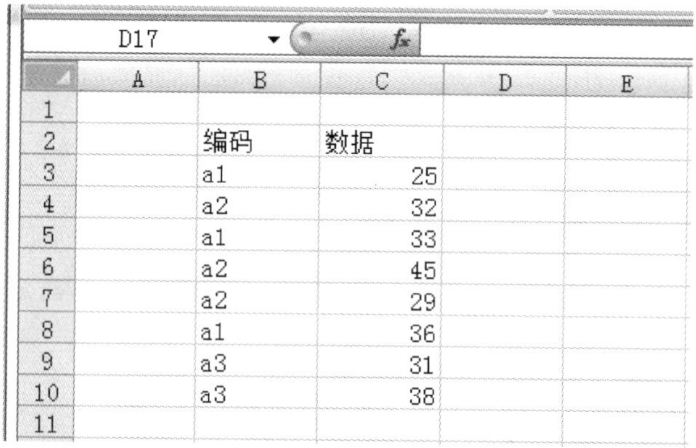

函数格式（见图 3 – 10）：COUNTIF（MYMCMYM3：MYMCMYM10，" >30"）

MYMCMYM3：MYMCMYM10：进行统计的区域

>30：为表达式，表示大于 30 的数进行个数统计，结果为 6（见图 3 – 10）

	A	B	C	D	E	F
					=COUNTIF($C$3:$C$10,">30")	
1						
2		编码	数据		大于30的个数	
3		a1	25		6	
4		a2	32			
5		a1	33			
6		a2	45			
7		a2	29			
8		a1	36			
9		a3	31			
10		a3	38			
11						
12						

图 3 – 10

（五）DB（cost, salvage, life, period, month）

用固定余额递减法，返回指定期间内某项固定资产的折旧值。

Cost 为资产原值。

Salvage 为资产在折旧期末的价值（也称为资产残值）。

Life 为折旧期限（有时也称作资产的使用寿命）。

Period 为需要计算折旧值的期间，Period 必须使用与 life 相同的单位。

	A	B	C	D
		=DB(B2,B4,B3,B5)		
1	资产名称	轿车		
2	资产原值	100000		
3	使用年限	20		
4	残值	10000		
5	已使用年限	15		
6	求今年折旧值	¥2,166.28		
7				
8				

图 3 – 11

Month 为第一年的月份数，如省略，则假设为 12。

举例（见图 3 – 11）：现有某辆轿车，价值 10 万元，总的使用时间为 20 年，报废后的资产残值为 10000 元，公司使用的时间年限为 15 年。求在今年该车的折旧值。

结果为：2166 元。

即在今年的折旧为 2166 元。

第四章　会计实务模拟训练

【岗位胜任能力考核要求】

出纳岗位能力要求：

1. 掌握企业基本情况
2. 运用出纳系统根据现金业务编制日记账生成凭证
3. 运用在工资系统中核算工资分配工资
4. 运用书中所给的资料信息用 Excel 编制工资表
5. 运用书中所给的资料信息用 Excel 编制社保明细表
6. 运用 Excel 编制资金日报表
7. 运用纳税申报表
8. 运用填报城建税、教育费附加、地方教育费附加填报个人所得税申报表

会计岗位能力要求：

1. 掌握企业基本情况
2. 掌握企业建账初始化：期初余额、往来辅助期初明细、固定资产期初明细表
3. 运用总账系统编制会计凭证
4. 运用计提税金
5. 运用在 Excel 和固定资产系统中计提折旧及制作固定资产折旧明细表
6. 运用 Excel 核算工资表及社保明细表
7. 运用结转销售成本（用加权平均法在 Excel 中计算销售成本结转，在月末处理功能中做销售成本结转）
8. 运用月末结转损益
9. 运用结账
10. 运用在报表系统中编制资产负债表、利润表及现金流量表
11. 运用填报增值税纳税申报表
12. 运用填报个人所得税纳税申报表

13. 运用城建税、教育费附加、地方教育费附加填报申报表

14. 掌握企业所得税季度申报表填报

15. 了解企业所得税年度汇算清缴申报表

16. 掌握财务报表申报

【本章知识结构导图】

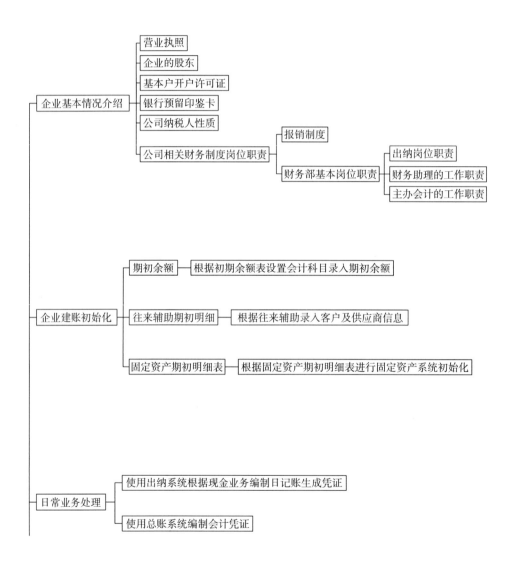

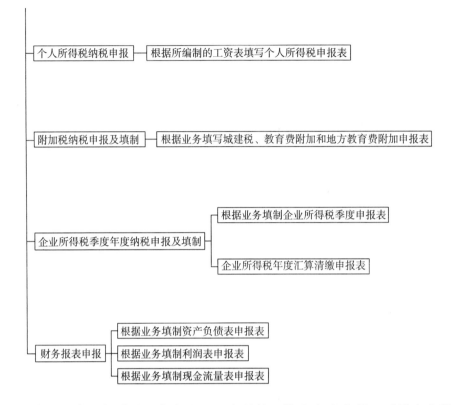

本章以一家一般纳税人商贸企业一个月的经济业务为背景，引导大家根据该企业的经济业务，用财务软件从期初初始化建账为起点，到月末编制工资表、社保明细表、计提折旧、计提税金、期末处理，再到申报纳税为终点全面掌握一家商贸企业的全盘账务处理。使大家基本形成一个商贸企业主办会计的实战能力。

第一节　企业基本情况介绍

一、企业概况

企业基本情况：

（1）营业执照。

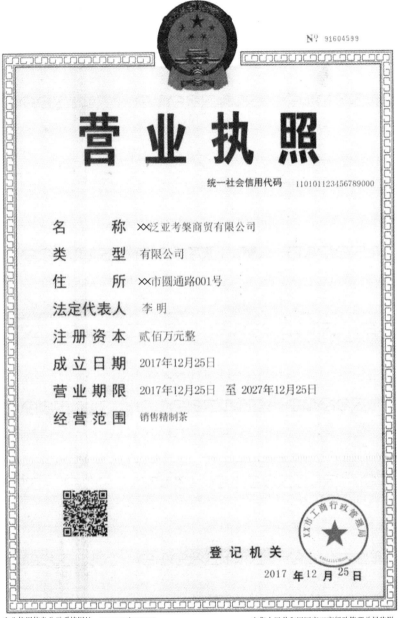

Nº 91604599

营 业 执 照

统一社会信用代码 110101123456789000

名　　称	××泛亚考槃商贸有限公司
类　　型	有限公司
住　　所	××市圆通路001号
法定代表人	李 明
注 册 资 本	贰佰万元整
成 立 日 期	2017年12月25日
营 业 期 限	2017年12月25日 至 2027年12月25日
经 营 范 围	销售精制茶

登记机关

2017 年 12 月 25 日

企业信用信息公示系统网址：www.vnaic.gov.cn
应当于每年1月1日至6月30日报送上一年度年度报告，并向社会公示。

中华人民共和国国家工商行政管理总局监测

（2）股东情况。

该公司有两名股东：大股东李明——出资额220万元；吴东——出资额80万元。

（3）基本户开户许可证。

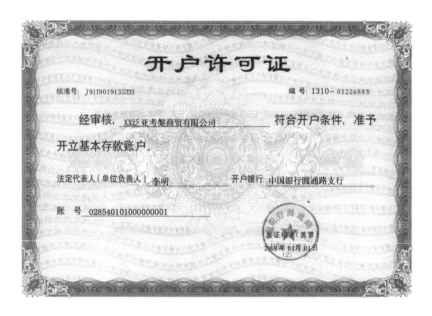

（4）银行预留印鉴卡。

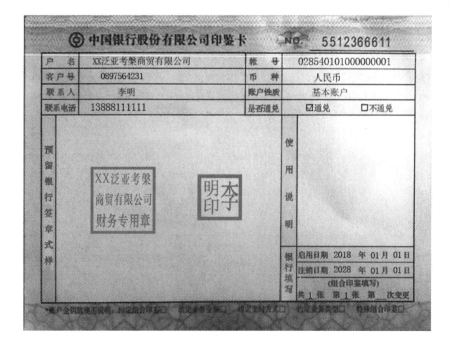

（5）该公司为一般纳税人，增值税适用税率为 17%。

二、财务报销制度

第一条　为了加强公司内部管理，规范公司财务报销行为，倡导一切以业务为重的指导思想，合理控制费用支出，特制定本制度。

第二条　本制度根据相关的财经制度及公司的实际情况，将财务报销分为日常办公费用、工薪福利及相关费用、税费支出、工程相关支出及专项支出等，以下分别说明报销相关的借款流程及各项支出具体的财务报销制度和报销流程。

第三条　本制度适用公司全体员工。

第四条　借款管理规定

（一）出差借款，出差人员凭审批后的《出差申请表》按批准额度办理借款，出差返回 5 个工作日内办理报销还款手续。

（二）其他临时借款，如业务费、周转金等，借款人员应及时报账，除周转金外其他借款原则上不允许跨月借支。

（三）各项借款金额超过 5000 元应提前一天通知财务部备款。

（四）借款销账规定：①借款销账时应以借款申请单为依据，据实报销，超出申请单范围使用的，须经主管领导批准，否则财务人员有权拒绝销账；②借领支票者原则上应在 5 个工作日内办理销账手续。

三、报销流程

（1）出差申请：拟出差人员首先填写《出差申请表》，详细注明出差地点、目的、行程安排、交通工具及预计差旅费用项目等，出差申请单由总经理批准。

（2）借支差旅费：出差人员将审批过的《出差申请表》交财务部，按借款管理规定办理借款手续，出纳按规定支付所借款项。

（3）购票：出差人员持审批过的出差申请复印件，到行政部订票（原则上机票一律用支票支付，特殊情况不能用支票的，需事先书面说明情况，经审批人签字后报财务备案）。

（4）返回报销：出差人员应在回公司后 5 个工作日内办理报销事宜，根据差旅费用标准填写《差旅费报销单》，部门经理审核签字，财务部审核签字，总经理审批；原则上前款未清者不予办理新的借支。

四、财务部基本岗位职责

（一）出纳岗位职责

（1）准确及时地完成现金收付及报销工作，并开具或索取相关的票据。

（2）按规定及时登记现金日记账、银行日记账；每日进行账款盘点，做好日清月结工作，做到账实相符，并填写资金变动周报表。

（3）根据企业日常经营需要，按规定提取、送存和保管现金，保证库存现金及有价证券安全、保管好各种空白支票、票据、印鉴，并设登记簿进行登记，办理登记手续。

（4）核算公司员工工资、社保及个人所得税的代扣代缴。

（5）熟练运用 Excel，熟悉金蝶、用友等相关财务软件的要求，会编制固定资产折旧表。

（6）负责开具发票，并要求客户提供相关档案资料（如客户公司全称、社会统一信用代码、开户银行地址、电话）并在开票系统和 Excel 中建档存档。

（7）接受上级领导交办的其他工作。

（二）会计的工作职责

（1）根据国家相关规定，按月、季、年编制各类会计报表。

（2）审核员工报销费用的单据，指导审核出纳填制的会计凭证内容数据的真实准确，保证日常核算正确无误。

（3）定期检查、审核银行、库存现金和资产账面，保证账账相符、账实相符。

（4）遵守国家规定，按月进行纳税申报，办理相关手续，定期进行统计，编制相关报表。

（5）根据部门领导的安排，协助行政管理部门做好固定资产的管理和盘点工作，保证各类固定资产账目核算的正确完整。

（6）负责与银行、税务等部门的对外联络。

（7）接受上级领导交办的其他工作。

第二节　企业建账初始化

职员档案参考第四章第五节"公司员工档案表"

客户档案

客户编号	客户名称
001	银润商贸有限公司
002	丽都商贸有限公司
003	欣欣商贸有限公司
004	恒易商贸有限公司
005	艺林商贸有限公司
006	达川商贸有限公司

供应商档案

供应商编号	供应商名称
001	洛山经贸有限公司
002	恒基经贸有限公司
003	昆昆商贸有限公司

部门档案

部门编号	部门名称
1	总经办
2	财务部
3	行政人事部
4	销售部
5	仓库

一、期初余额

2018 年 1 月初会计科目有期初余额 ××泛亚考槃商贸有限公司

科目编码	科目名称	规格	单位	数量	单价	期初余额	
						借方	货方
1001	库存现金					7,467.54	
1002	银行存款					800,000.00	
100201	中国银行圆通路支行					800,000.00	
1122	应收账款					1,278,900.00	
112201	外部往来					1,278,900.00	
1221	其他应收款					3,000.00	
122102	内部往来					3,000.00	
1405	库存商品					690,000.00	
140501	红茶	300g	盒	5000	32.00	16,000,000	
140502	普洱茶	300g	盒	6000	48.00	288,000.00	
14053	绿茶	300g	盒	500	360.00	180,000.00	
140504	铁观音	300g	盒	1000	62.00	62,000.00	
1601	固定资产					1,260,680.00	
1602	累计折旧						145,067.78
	资产小计					4,040,047.54	145,067.78
2202	应付账款						400,000.00
220201	外部往来						400,000.00
2221	应交税费						3,394.86
222102	未交增值税						2,978.00
222103	应交城建税						208.46
222104	应交教育费附加						89.34
222105	地方教育费附加						59.60
222106	交个人所得税						59.46

科目编码	科目名称	规格	单位	数量	单价	期初余额	
						借方	货方
	负债小计						403,394.86
4001	实收资本						3,000,000.00
400101	李明						2,200,000.00
400102	吴东						800,000.00
4104	利润分配						491,584.90
410401	未分配利润						491,584.90
	所有者权益小计						3,491,584.90
	合计					4,040,047.54	4,040,047.54

二、往来辅助期初明细表（往来客户编码由学员自行设计填写）

应收账款——外部往来科目客户辅助期初余额明细

客户名称	期初金额
银润商贸有限公司	400,000.00
丽都商贸有限公司	20,000.00
欣欣商贸有限公司	150,000.00
恒易商贸有限公司	250,000.00
艺林商贸有限公司	28,900.00
达川商贸有限公司	250,000.00
合计	1,278,900.00

其他应收款——内部往来科目（个人往来）辅助期初余额

职员名称	金额
李刚	3,000.00

应付账款——外部往来科目（供应商往来辅助）期初余额明细

供应商名称	期初金额
洛山经贸有限公司	160,000.00
恒基经贸有限公司	200,000.00
昆昆商贸有限公司	40,000.00
合计	400,000.00

三、固定资产期初明细表

固定资产原始资料信息

固定资产名称	开始使用日期	使用年限	原值	预计净残值	累计折旧
办公楼	2017 年 1 月 25 日	20	730,000.00	5%	33,458.33
小型机	2017 年 3 月 26 日	5	100,000.00	5%	15,000.00
程控交换机	2017 年 3 月 27 日	5	20,000.00	5%	3,000.00
电脑	2017 年 4 月 28 日	3	22,000.00	5%	5,500.00
电脑	2017 年 4 月 1 日	3	13,000.00	5%	2,888.89
电脑	2017 年 4 月 2 日	3	125,680.00	5%	27,928.89
奥迪小轿车	2017 年 1 月 31 日	4	250,000.00	5%	57,291.67
合计			1,260,680.00		145,067.78

第三节　日常业务处理

（1）业务描述：2018 年 1 月 3 日提取备用金 20000 元。

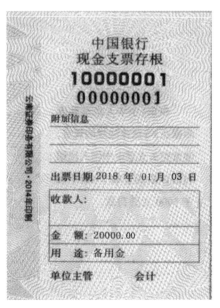

（2）业务描述：2018 年 1 月 4 日，向昆昆商贸有限公司购进红茶 12 盒，单价 285 元/盒，款已由基本户付款。

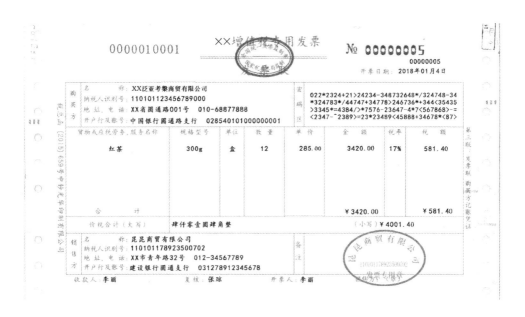

入 库 单

单位：昆昆商贸有限公司　　　　2018 年 1 月 4 日　　　　№66330000

货号	品 名	规格	单位	数量	单价	金额	备注
hc01	红茶	300g	盒	12	285.00	3420.00	

三 会 计

制单（保管）：张丽萍　　　　负责人：　　　　业务：　　　　财务：

 国内支付业务付款回单

客户号：46723645783　　　　　　　　　日期：2018年01月4日

付款人账号：028540101000000001　　　收款人账号：0312789912345678

付款人名称：XX泛亚考槃商贸有限公司　　收款人名称：昆昆商贸有限公司

付款人开户行：中国银行圆通路支行　　　收款人开户行：建设银行圆通支行

金额：　CNY4001.40

人民币 肆仟零壹圆肆角整

报文种类：beps.121.001.01-客户发起普通贷记业务报文　　　收支申报号：
业务类型：A100-普通汇兑　　　　　　　　　　　　　　　　业务编号：BNET 5600007253741849/000000000000
业务标识号：201801043573485　　　　　　　　　　　　　　接收行行号：
发起行行号：219438745859　　　　　　　　　　　　　　　接收行名称：
发起行名称：中国银行股份有限公司 XX 市圆通路支行

扣账账号：028540101000000001　　　　　　　　　　　　扣账户名：XX泛亚考槃商贸有限公司

用途：货款

附言：货款

如您已通过银行网点取得相应纸质回单，请注意核对，勿重复记账！

中国银行股份有限公司
电子回单专用章

交易机构：11806　　　交易渠道：网上银行　　　交易流水号：92709642-646　　　经办：

回单编号：6424122296546424　　　回单验证码：242K5UBAK4FA　　　打印时间：　　　打印次数：　　　次

（3）业务描述：2018 年 1 月 4 日从中国银行转款到农行 20000 元。

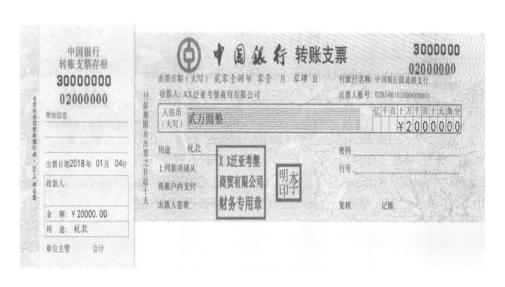

（4）业务描述：2018 年 1 月 8 日，缴纳 2017 年 12 月增值税 2978 元。

××省国家税务局电子缴款凭证

打印日期：2018 年 1 月 8 日

国

（凭证编号）

纳税人识别号	110101123456789000		税务征收机关	××省××市××区国家税务局		
纳税人全称	××泛亚考槃商贸有限公司		银行账号	011118333920011111		
系统税票号	税（费）种	税（品）目	所属时期	实缴金额	缴款日期	备注
0001010100000000097	增值税	销售	2017 – 12 – 01—2017 – 12 – 31	￥2978.00	2016 – 12 – 13	
金额合计	（大写）贰仟玖佰柒拾捌圆整				￥2978.00	
本缴款凭证仅作为纳税人记账核算凭证使用。纳税人如需开具正式完税证明，请凭税务登记证或身份证明到主管税务机关开具。 税务机关（电子章）						

（5）业务描述：2018 年 1 月 8 日，缴纳 2017 年 12 月城市维护建设税 208.46 元，教育费附加 89.34 元，地方教育费附加 59.6 元，个人所得税 59.46 元。

××省地方税务局电子缴款凭证

征收机关：××市××区地方税务局一分局

打印日期：2018 年 1 月 8 日

税收分类：一般申报

凭证编号：PPP2018010899999

收款国库：国家金库官渡区支库

地

纳税人识别号	915301110698432411		银行账号	011118333920011111
纳税人全称	云南博泽矿山工程有限公司		缴款日期	2018 – 01 – 08
系统税票号	税（票）种	税（品）目	所属时期	实缴金额
82018010800000009	教育费附加	增值税教育费附加	2017 – 12 – 01～2017 – 12 – 31	89.34
82018001800001000	地方教育附加	增值税地方教育附加	2017 – 12 – 01～2017 – 12 – 31	59.6
82018010800001110	城市维护建设税	市区（增值税附征）	2017 – 12 – 01～2017 – 12 – 31	208.46
82018010800000005	个人所得税		2017 – 12 – 01～2017 – 12 – 31	59.46
金额合计	（大写）肆佰壹拾陆圆捌角贰分			416.82
本缴款凭证仅作为纳税人记账凭证使用，电子缴税的，需与银行对账单电子划缴记录核对一致方有效。 纳税人如需汇总开具正式完税证明，请凭税务登记证或身份证明到主管税务机关开具。				

（6）业务描述：2018 年 1 月 18 日向中国银行借款 200000 元，期限 9 个月，年利率 5%。

（7）业务描述：2018 年 1 月 19 日现金支付销售部李加报销差旅费 3647 元。

出差费用报销单　　　　　　　　　　　　　　　单位：元

出差人姓名	李加						原借金额		
时间	2018 年 1 月 14 日至 2018 年 1 月 16 日						准予核销金额		
出差事由	茶土比拼大会						应补差额		
							应退差额		

起止				起止地点		旅途日数	住勤日数	飞机票	车船票	市内交通费	行李费	住宿费	途中伙食补助	办公费	其他	合计
月	日	月	日	起	止											
1	14			南京	昆明			1200		67		820	180			2267
1	16			昆明	南京			1150					230			1380
				合计				2350		67		820	410			3647

合计金额（大写）叁仟陆佰肆拾柒圆整	备注	

财务科长：刘慧娟　　　审核：　　　主管部门审核：　　　出差人：李加

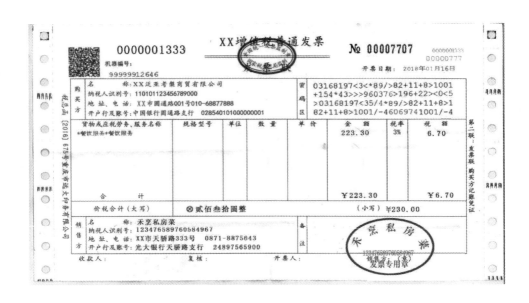

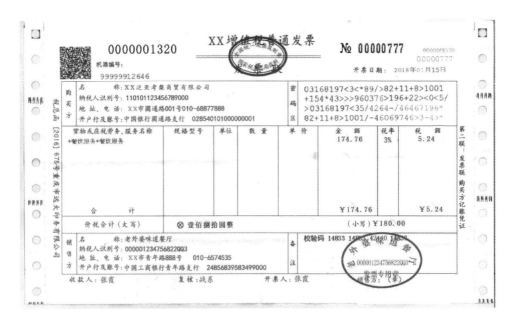

0000001313 XX增值税普通发票 № 00000707

机器编号：99999912646

开票日期：2018年01月16日

购买方						
名　　称：XX泛亚考融商贸有限公司						
纳税人识别号：110101123456789000						
地址、电话：XX市圆通路001号010-68877888						
开户行及账号：中国银行圆通路支行 028540101000000001						

密码区：
03168197<3<*89/>82+11+8>1001
+154*43>>>960376>196+22><0<5
>03168197<35/4*89/>82+11+8>1
82+11+8>1001/-46069741001/-4

货物或应税劳务、服务名称	规格型号	单位	数量	单价	金额	税率	税额
*住宿服务*住宿费					773.58	6%	46.42
合　　计							

价税合计（大写）　⊗ 捌佰贰拾圆整　　　　　　　　　（小写）￥820.00

销售方	
名　　称：新太温泉酒店	校验码 12345 67321 67800 09876
纳税人识别号：QEYU487956730K23091K	备注
地址、电话：XX市环城路195号 0874-3456728	
开户行及账号：兴业银行环城路支行 357843888760	

收款人：徐敏　　　复核：朱丽　　　开票人：徐敏

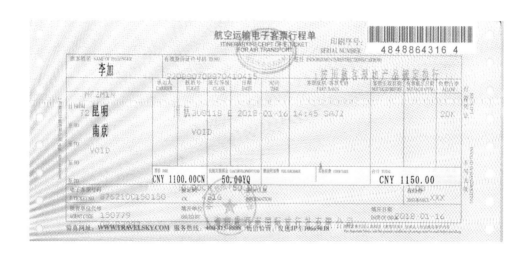

航空运输电子客票行程单
ITINERARY/RECEIPT OF E-TICKET
FOR AIR TRANSPORT

印刷序号：4848864316 4

旅客姓名 NAME OF PASSENGER 李加

昆明
南京
VOID

CNY 1100.00CN　50.00YQ　　　　　CNY 1150.00

航空运输电子客票行程单
ITINERARY/RECEIPT OF E-TICKET
FOR AIR TRANSPORT

SERIAL NUMBER
4864864316 4

旅客姓名 NAME OF PASSENGER
李加

有效身份证件号码 ID NO
3205250703370410045

签注单位/填开单位
四川航空通航产品服务分行

航空公司 CARRIER	航班号 FLIGHT	座位等级 CLASS	日期 DATE	时间 TIME	免费行李 FARE BASIS	实际承运人/票证衔接号 CARRIER/ENDORSEMENTS	免收行李 ALLOW
南京	航 3U8118 B	2018 01 14 14:45 SAJZ					20Y
昆明	VOID						
VOID							

票价 FARE
CNY 1150.00CN

税收/机场建设费 TAX/COMBINATION
50.00YQ

燃油附加费 FUEL SURCHARGE
50 CN

保险费 COUPONES

合计 TOTAL
CNY 1200.00

电子客票号码
9872100150158

填开单位 ISSUED BY

保险费 INSURANCE
×××

销售单位代号 AGENT CODE
150728

填开日期 DATE OF ISSUE
2018 01 16

退票网址：WWW.TRAVELSKY.COM 服务热线：400-815-8888 增值税：发票由开票方106690印制

2013年7月印10000000份

××省国家税务局通用机打发票

全国统一发票监制章
出租车专用发票
××省
发票联
省税务局

发票代码 001001001132

发票号码 05055905

监督电话 08787131 5:33

机打发票 手写无效

公司简称   409
公司电话 08787161 3582
车号 云   A-80 T10
日期 2018-01
（K1050）10
下车   11
单价   1.00
收费里程   6.4km
收费时间   00:11:23
金额   ¥67.30元
现金收费
IC卡收费
卡余额

××省
出租汽车
发票
专用章

××省国税印刷厂

（8）业务描述：2018 年 1 月 6 日，向洛山经贸购进普洱茶 150 盒，单价 32 元/盒，取得增值税专用发票，已验收入库款项未付。

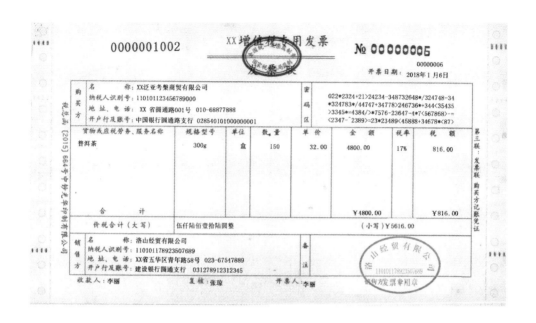

入 库 单

单位：洛山经贸有限公司　　　　2018 年 1 月 6 日　　　　№66330001

货　号	品　名	规格	单位	数量	单价	金额	备注
pe01	普洱茶	300g	盒	150	32.00	4800.00	

制单（保管）：张丽萍　　　　负责人：　　　　业务：　　　　财务：

（9）业务描述：2018 年 1 月 6 日，向恒基经贸购进绿茶 200 盒，单价 58 元/盒，取得增值税专用发票，已验收入库，款项由基本户支付。

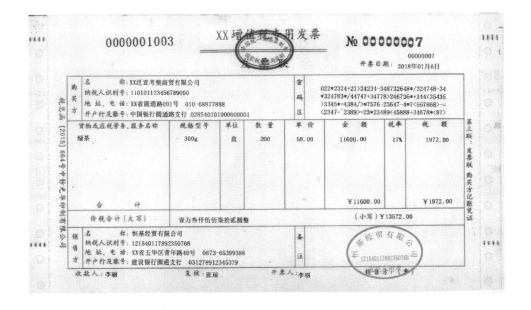

国内支付业务付款回单

客户号：46723645783 日期：2018年01月6日

付款人账号：028540101000000001　　　　收款人账号：031278912345379

付款人名称：XX泛亚考槃商贸有限公司　　　　收款人名称：恒基经贸有限公司

付款人开户行：中国银行圆通路支行　　　　收款人开户行：建设银行圆通支行

金额：　CNY 13572.00

人民币 壹万叁仟伍佰柒拾贰圆整

报文种类：beps.121.001.01-客户发起普通贷记业务报文　　　收支申报号：
业务类型：A100-普通汇兑
业务标识号：201801063573476　　　　业务编号：BNET 5600007253741849/000000000000
发起行行号：219438741234　　　　接收行行号：
发起行名称：中国银行股份有限公司 XX 市圆通路支行　　　接收行名称：

扣账账号：028540101000000001　　　　扣账户名：XX泛亚考槃商贸有限公司

用途：货款

附言：货款

如您已通过银行网点取得相应纸质回单，请注意核对，勿重复记账！

交易机构：15806　　　交易渠道：网上银行　　　交易流水号：92709642-646　　　经办：

回单编号：　　　　回单验证码：242K5UBAK4FA　　　打印时间：　　　打印次数：　　　次

入 库 单

单位：恒基经贸有限公司　　　　2018 年 1 月 6 日　　　　No66330002

货 号	品 名	规格	单位	数量	单价	金额	备注
lc02	绿茶	300g	盒	200	58.00	11600，00	

制单（保管）：张丽萍　　　　负责人：　　　　业务：　　　　财务：

三　会计

（10）业务描述：2018 年 1 月 8 日，购和捷达小汽车一辆，支付车款 95000 元，车辆购置税 9500 元，领取车牌支付费用 200 元。该车由行政部管理使用，款项由基本户支付。

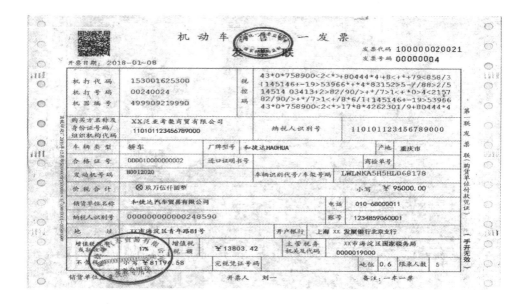

中 华 人 民 共 和 国
税收缴款书(税务收现专用)　　　　　　　(国)

(111)　国现　00000021

登记注册类型：	其他有限责任公司		填表日期：	2018年1月8日		税务机关：	XX市海淀区国家税务局服务厅	
纳税人识别号	110101123456789000			纳税人名称：		泛亚考楔茶业销售有限公司		
地　址	XX市圆通路001号							
税　种	品目名称	课税数量	计税金额或销售收入	税率或单位税额	税款所属时期	已缴或扣除额	实缴金额	
车辆购置税	车辆购置税	1	95000.00	0.1	2018年1月8日 2019年1月8日 XX	0.00	9500.00	
金额合计(大写)	人民币玖仟伍佰圆整						￥ 9500.00	

征税专用章　　　代征单位 (盖章)　　　　　　　　备注

妥善保管

中国银行　国内支付业务付款回单

客户号：46721645746　　　　　　　日期：2018年1月8日
付款人账号：028540101000000001　　收款人账号：1234859060001
付款人名称：XX泛亚考楔商贸有限公司　收款人名称：和捷达汽车贸易有限公司

付款人开户行：中国银行圆通路支行　　收款人开户行：上海XX发展银行北京支行

金额：CNY 104700.00
人民币壹拾万零肆仟柒佰元整
报文种类：beps.121.001.01-客户发起普通贷记业务报文
业务类型：A100-普通汇兑　　　　　　　　收支申报号：
业务标识码：201801083535411　　　　　业务编号：BNET 560000000000741837/000000000000
发起行行号：219438745859　　　　　　　接收行行号：
发起行名称：中国银行股份有限公司圆通路支行　接收行名称：
扣账账号：028540101000000001　　　　　扣款户名：XX泛亚考楔商贸有限公司

用途：车款
附言：车款

中国银行股份有限公司
电子回单专用章

如您已通过银行网点取得相应纸质回单，请注意核对，勿重复记账！

交易机构：15106　　交易渠道：网上银行　　交易流水号：92709692-646　　经办：
回单编号：　　　回单验证码：242K5ROAK4FA　　打印时间：　　打印次数：　　次

（11）业务描述：2018 年 1 月 8 日，向洛山经贸购进铁观音 220 盒，单价 48 元/盒，取得增值税专用发票，已验收入库，款项已由基本户支付。

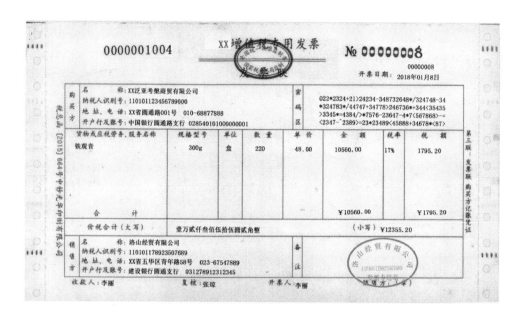

中国银行
BANK OF CHINA

国内支付业务付款回单

客户号：46723645744	日期：2018年01月8日
付款人账号：028540101000000001	收款人账号：031278912312345
付款人名称：XX泛亚考察商贸有限公司	收款人名称：洛山经贸有限公司
付款人开户行：中国银行圆通路支行	收款人开户行：建设银行圆通支行

金额：　CNY 12355.20

人民币壹万贰仟叁佰伍拾伍圆贰角整

报文种类：beps.121.001.01-客户发起普通贷记业务报文	收支申报号：
业务类型：A100-普通汇兑	业务编号：BNET 5600007253741849/000000000000
业务标识号：20180108357346	接收行行号：
发起行行号：219438741234	接收行名称：
发起行名称：中国银行股份有限公司 XX 市 圆通路支行	
扣账账号：028540101000000001	扣账户名：XX泛亚考察商贸有限公司

用途：货款

附言：货款

中国银行股份有限公司
电子回单专用章

如您已通过银行网点取得相应纸质回单，请注意核对，勿重复记账！

交易机构：15806	交易渠道：网上银行	交易流水号：92709642-646	经办：
回单编号：	回单验证码：242K5UBAK4FA	打印时间：	打印次数：　　次

入　库　单

单位：洛山经贸有限公司　　　　2018 年 1 月 8 日　　　　№66330003

货　号	品　名	规格	单位	数量	单价	金额	备注
tgy01	铁观音	300g	盒	220	48.00	10560，00	

制单（保管）：张丽萍　　　　负责人：　　　　业务：　　　　财务：

三
会
计

（12）业务描述：2018 年 1 月 10 日，恒基经贸购进绿茶 210 盒，单价 62 元/盒。

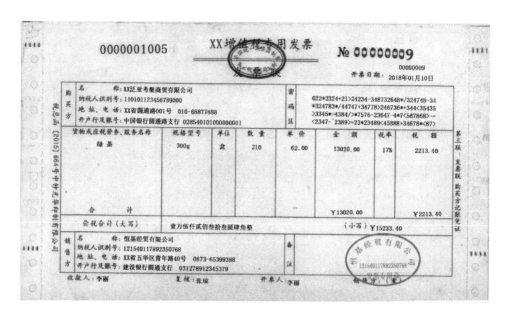

入　库　单

单位：恒基经贸有限公司　　　2018 年 1 月 10 日　　　№66330004

货号	品名	规格	单位	数量	单价	金额	备注
lc01	绿茶	300g	盒	210	62.00	13020.00	

制单（保管）：张丽萍　　　负责人：　　　业务：　　　财务：

三　会　计

（13）业务描述：2018 年 1 月 12 日，向银润商贸有限公司销售的绿茶 320 盒，销售单价 105.3 元/盒，款收到。

××泛亚考槃商贸有限公司

销售单

日期：2018 年 1 月 12 日　　　　　　　　　　　　　　　　单号：

客户名称	银润商贸有限公司			备注			
编号	商品名称	规格型号	单位	数量	单价	金额	备注
1	绿茶	500g	盒	320	105.30	33696.00	
2							
3							
4							
5							
总金额大写	叁万叁仟陆百玖拾陆圆整			总金额小写		33696.00	

销售：李华　　　　商务：　　　　　　总经理：　　　　　经手人：张丽

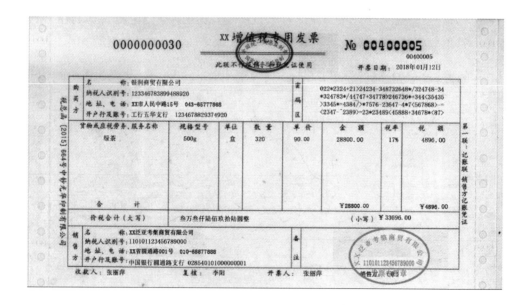

出　库　单

单位：银润商贸有限公司　　　　2018 年 1 月 12 日　　　　№00868600

货号	品　名	规格	单位	数量	单价	金额	备注
hc01	红茶	500g	盒	320			

制单（保管）：张丽　　　　负责人：　　　　业务：　　　　财务：

三　会　计

国内支付业务收款回单

客户号：46723645783	日期：2018年01月12日
付款人账号：1234678829374920	收款人账号：028540101000000001
付款人名称：银润商贸有限公司	收款人名称：XX泛亚考黎商贸有限公司
付款人开户行：工行五华支行	收款人开户行：中国银行圆通路支行

金额：　CNY33696.00
人民币 叁万叁仟陆佰玖拾陆圆整

报文种类：beps.121.001.01-客户发起普通贷记业务报文	收文申报号：
业务类型：A100普通汇兑	业务编号：BNET 5600007253741849/000000000000
业务标识号：20180123573485	接收行号：
发起行号：219438745859	接收行名称：
发起行名称：中国银行股份有限公司XX市圆通路支行	
扣账账号：1234678829374920	扣账户名：银润商贸有限公司

用途：货款

附言：货款

中国银行股份有限公司
电子回单专用章

如您已通过银行网点取得相应纸质回单，请注意核对，勿重复记账！

交易机构：15806	交易渠道：网上银行	交易流水号：92709642-646	经办：
回单编号：	回单验证码：242K5UBAK4FA	打印时间：	打印次数：　　次

（14）业务描述：2018 年 1 月 14 日，向丽都商贸有限公司销售红茶 17 盒，销售单价 360 元/盒，款收到未开发票。

中国银行 BANK OF CHINA	国内支付业务收款回单	
客户号：46721645783		日期：2018年01月14日
付款人账号：1234678829372221		收款人账号：028540101000000001
付款人名称：丽都商贸有限公司		收款人名称：XX泛亚考槃商贸有限公司
付款人开户行：工行五华支行		收款人开户行：中国银行圆通路支行

金额： CNY6120.00
人民币陆仟壹佰贰拾圆整

报文种类：beps.121.001.01-客户发起普通贷记业务报文 业务类型：A100-普通汇兑 业务标识号：201801143573411 发起行行号：219438745859 发起行名称：中国银行股份有限公司XX市圆通路支行	收支申报号： 业务编号：BNET 5600007253741849/000000000000 接收行行号： 接收行名称：
扣账账号：1234678829372221	扣账户名：丽都商贸有限公司
用途：货款	
附言：货款	

中国银行股份有限公司
电子回单专用章

如您已通过银行网点取得相应纸质回单，请注意核对，勿重复记账！

交易机构：15806	交易渠道：网上银行	交易流水号：92709642-646	经办：
回单编号：	网单验证码：242K5UBAK4FA	打印时间：	打印次数： 次

××泛亚考槃商贸有限公司
销售单

日期：2018 年 1 月 14 日 　　　　　　　　　　　　　　单号：

客户名称	丽都商贸有限公司			备注			
编号	商品名称	规格型号	单位	数量	单价	金额	备注
1	红茶	500g	盒	17	360.00	6120.00	
2							
3							
4							
5							
总金额大写	陆仟壹佰贰拾圆整				总金额小写	6120.00	

销售：李华 　　　商务： 　　　总经理： 　　　经手人：张丽

出　库　单

单位：丽都商贸有限公司　　　　2018 年 1 月 14 日　　　　　No23860001

货　号	品　　名	规格	单位	数量	单价	金额	备注
he01	红茶	300g	盒	17			

制单：张丽　　　　　负责人：　　　　　业务：　　　　　财务：

第三联　会计联

（15）**业务描述**：2018 年 1 月 17 日，向信阳山远预付款 4900 元，预订毛尖茶 200 盒，款项已由基本户支付。

中国银行 BANK OF CHINA　　**国内支付业务付款回单**

客户号：46723645744　　　　　　日期：2018 年 01 月 17 日
付款人账号：028540101000000001　　收款人账号：001528912412446
付款人名称：XX泛亚考絮商贸有限公司　　收款人名称：山远商贸有限公司

付款人开户行：中国银行圆通路支行　　　收款人开户行：XX市建设银行

金额：　CNY4900.00
人民币 肆仟玖佰圆整

报文种类：beps.121.001.01-客户发起普通贷记业务报文　　收支申报号：
业务类型：A100-普通汇兑
业务标识号：201801173573411　　　　　业务编号：BNET 5600007253741849/000000000000
发起行行号：219228741223　　　　　　接收行行号：
发起行名称：中国银行股份有限公司XX市圆通路支行　接收行名称：

扣账账号：028540101000000001　　　　扣账户名：XX泛亚考絮商贸有限公司

用途：货款

附言：货款

中国银行股份有限公司
电子回单专用章

如您已通过银行网点取得相应纸质回单，请注意核对，勿重复记账！

交易机构：15806　　交易渠道：网上银行　　交易流水号：92709642-646　　经办：
回单号：　　　　　　回单验证码：242K5UBAK4FA　　打印时间：　　打印次数：　　次

（16）业务描述：2018 年 1 月 18 日，向洛山经贸购进铁观音 70 盒，单价 52 元/盒，款项未付，取得增值税专用发票，已验收入库。

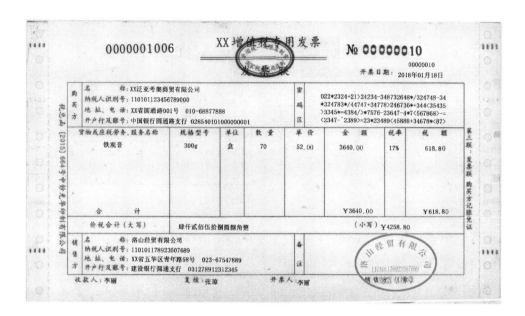

入 库 单

单位：洛山经贸有限公司　　　2018 年 1 月 18 日　　　№66330005

货 号	品 名	规格	单位	数量	单价	金额	备注
tgy01	铁观音	300g	盒	70	52.00	3640.00	

制单（保管）：张丽萍　　　负责人：　　　业务：　　　财务：

（17）业务描述：2018 年 1 月 20 日，洛山经贸购进普洱茶 200 盒，单价 33 元/盒，款项由基本户支付，取得增值税专用发票，已验收入库。

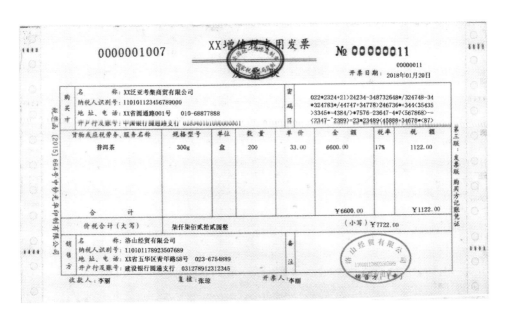

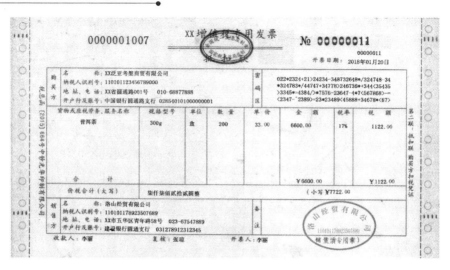

入 库 单

单位：洛山经贸有限公司　　　　2018 年 1 月 20 日　　　　№66330006

货 号	品 名	规 格	单 位	数 量	单 价	金 额	备 注
pe01	普洱茶	300g	盒	200	33.00	6600.00	

制单（保管）：张丽萍　　　　负责人：　　　　业务：　　　　财务：

（18）业务描述：2018 年 1 月 21 日，订购的毛尖茶到货。单价为 35 元/盒，共 200 盒，已验收入库，取得增值税专用发票，进项税为 1190 元，支付剩款项 3290 元，已由基本户支付。

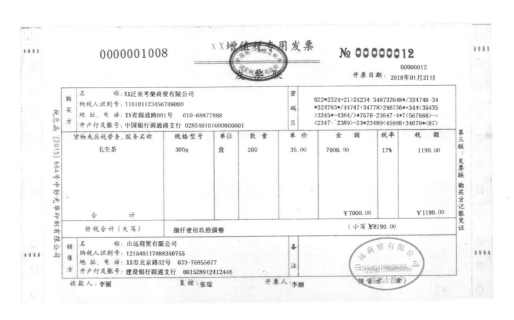

中国银行
BANK OF CHINA

国内支付业务付款回单

客户号：46713641244 　　　　　　　　　　日期：2018年01月21日

付款人账号：028540101000000001 　　　　收款人账号：0015289124124446
付款人名称：XX泛亚考棨商贸有限公司 　　　收款人名称：山远商贸有限公司

付款人开户行：中国银行圆通路支行 　　　　收款人开户行：XX市建设银行

金额： CNY8190.00
人民币捌仟壹佰玖拾圆整

报文种类：beps.121.001.01-客户发起普通贷记业务报文	收支申报号：
业务类型：A100-普通汇兑	
业务标识号：201801211223411	业务编号：BNET 5600007253741849/000000000000
发起行行号：213328741111	接收行行号：
发起行名称：中国银行股份有限公司XX市圆通路支行	接收行名称：

扣账账号：028540101000000001 　　　　　扣账户名：XX泛亚考棨商贸有限公司

用途：货款

附言：货款

中国银行股份有限公司
电子回单专用章

如您已通过银行网点取得相应纸质回单，请注意核对，勿重复记账！

交易机构：15806	交易渠道：网上银行	交易流水号：92709642-646		经办：	
回单编号：	回单验证码：242K5UBAK4FA	打印时间：	打印次数：	次	

入 库 单

单位：山远有限公司 　　　　　2018 年 1 月 21 日 　　　　　№66330007

货　号	品　名	规格	单位	数量	单价	金额	备注
mj01	毛尖茶	300g	盒	200	35.00	7000.00	

制单（保管）：张丽萍 　　　　负责人： 　　　　业务： 　　　　财务：

三　会计

（19）业务描述：2018年1月22日，购进向信阳山远8盒，单价287元/盒，款已付。

0000001009		XX增值税专用发票				No 00000013		
						00000013		
						开票日期：2018年01月22日		
购买方	名 称：XX泛亚考槃商贸有限公司 纳税人识别号：110101123456789000 地 址、电 话：XX省圆通路001号 010-68877888 开户行及账号：中国银行圆通路支行 028540101000000001					密码区	022*2324*21>24234·348732648*/324748·34 *324783*/44747+34778>246736*344<35435 >3345*·4384/*7576-23647·47<567868>- <2347-72389>23=23489<45888+34678<87>	
货物或应税劳务、服务名称		规格型号	单位	数量	单价	金 额	税率	税 额
毛尖茶		1000g	盒	8	287.00	2296.00	17%	390.32
合 计						￥2296.00		￥390.32
价税合计（大写）		贰仟陆佰捌拾玖圆叁角贰整				（小写）￥2689.32		
销售方	名 称：山远商贸有限公司 纳税人识别号：12154011788350755 地 址、电 话：XX市北京路32号 033-76855677 开户行及账号：建设银行圆通支行 001528912412446					备注		
收款人：李丽		复核：张琼			开票人：李丽			

0000001009		XX增值税专用发票				No 00000013		
						00000013		
						开票日期：2018年01月22日		
购买方	名 称：XX泛亚考槃商贸有限公司 纳税人识别号：110101123456789000 地 址、电 话：YY市圆通路001号 010-68877888 开户行及账号：中国银行圆通路支行 028540101000000001					密码区	022*2324*21>24234·348732648*/324748·34 *324783*/44747+34778>246736*344<35435 >3345*·4384/*7576-23647·47<567868>- <2347-72389>23=23489<45888+34678<87>	
货物或应税劳务、服务名称		规格型号	单位	数量	单价	金 额	税率	税 额
毛尖茶		1000g	盒	8	287.00	2296.00	17%	390.32
合 计						￥2296.00		￥390.32
价税合计（大写）		贰仟陆佰捌拾陆圆贰角贰整				（小写）￥2686.32		
销售方	名 称：山远商贸有限公司 纳税人识别号：12154011788350755 地 址、电 话：XX市北京路32号 033-76855677 开户行及账号：建设银行圆通支行 001528912412446					备注		
收款人：李丽		复核：张琼			开票人：李丽			

中国银行 BANK OF CHINA 国内支付业务付款回单

客户号：46513641244	日期：2018年01月22日
付款人账号：028540101000000001	收款人账号：0015289124412446
付款人名称：XX泛亚考槃商贸有限公司	收款人名称：山远商贸有限公司
付款人开户行：中国银行圆通路支行	收款人开户行：XX市建设银行

金额： CNY.2689.32

人民币贰仟陆佰捌拾玖圆叁角贰分

报文种类：beps.121.001.01-客户发起普通贷记业务报文
业务类型：A100-普通汇兑
业务标识号：2018012211223411
发起行行号：213328741111
发起行名称：中国银行股份有限公司xx市圆通路支行

收支申报号：
业务编号：BNET 5600007253741849/000000000000
接收行行号：
收行名称：

扣账账号：028540101000000001

扣账户名：XX泛亚考槃商贸有限公司

用途：货款

附言：货款

中国银行股份有限公司
电子回单专用章

如您已通过银行网点取得相应纸质回单，请注意核对，勿重复记账！

交易机构：15806	交易渠道：网上银行	交易流水号：92709642-646	经办：
回单编号：	回单验证码：242K5UBA64FA	打印时间：	打印次数： 次

入 库 单

单位：山远有限公司　　　　　2018 年 1 月 22 日　　　　　№66330008

货　号	品　　名	规格	单位	数量	单价	金额	备注
hc01	毛尖茶	1000g	盒	8	287.00	2296.00	

制单（保管）：张丽萍　　　　负责人：　　　　业务：　　　　财务：

三 会 计

（20）业务描述：2018 年 1 月 22 日，向银润商贸销售毛尖茶 100 盒，单价 58.5 元/盒款项收到，开具增值税普通发票，存入银行。

×× 泛亚考槃商贸有限公司
销售单

日期：2018 年 1 月 22 日　　　　　　　　　　　　　　单号：

客户名称	银润商贸有限公司			备注				
编号	商品名称	规格型号	单位	数量	单价	金额	备注
1	毛尖茶	300g	盒	100	58.50	5850.00	
2							
3							
4							
5							
总金额大写	伍仟捌佰伍拾圆整					总金额小写	5850.00	

销售：李华　　　　　商务：　　　　　　　总经理：　　　　　　经手人：张丽

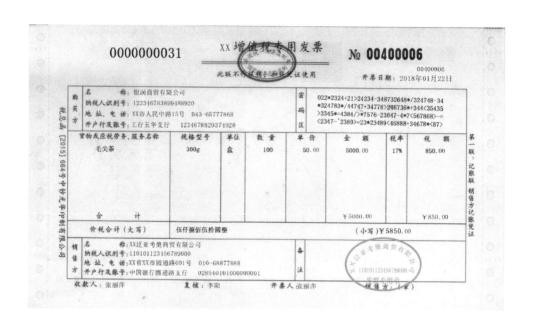

货 号	品 名	规格	单位	数量	单价	金额	备注
mj01	毛尖茶	300g	盒	100			

出 库 单

单位：银润商贸有限公司　　　2018 年 1 月 22 日　　　No23860002

第三联　会计联

制单：张丽　　　负责人：　　　业务：　　　财务：

（21）业务描述：2018 年 1 月 23 日，向欣欣食品有限公司销售铁观音 230 盒，销售单价 84.24 元/盒，款未收到，开具增值税专用发票。

××泛亚考檠商贸有限公司

销售单

日期：2018 年 1 月 23 日　　　　　　　　　　　　　　　单号：

客户名称	欣欣食品有限公司			备注			
编号	商品名称	规格型号	单位	数量	单价	金额	备注
1	铁观音	300g	盒	230	84.24	19375.20	
2							
3							
4							
5							
总金额大写	壹万玖仟叁佰柒拾伍圆贰角整				总金额小写	19375.20	

销售：李华　　　　　商务：　　　　　总经理：　　　　　经手人：张丽

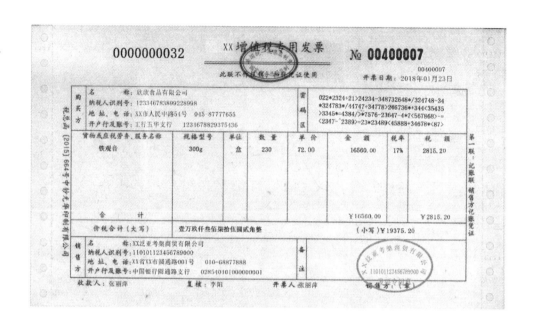

出 库 单

单位：欣欣食品有限公司　　　2018 年 1 月 23 日　　　№23860003

货　号	品　　名	规格	单位	数量	单价	金额	备注
tgy01	铁观音	300g	盒	230			

制单：张丽　　　　负责人：　　　　业务：　　　　财务：

（22）业务描述：2018 年 1 月 26 日，向恒易销售普洱茶 420 盒，销售单价 56.16 元/盒，共计款项 23587.20 元已收到，增值税 3427.20 元，存入银行。

××泛亚考槃商贸有限公司

销售单

日期：2018 年 1 月 26 日　　　　　　　　　　　　　　单号：

客户名称	恒易商贸有限公司			备注				
编号	商品名称	规格型号	单位	数量	单价	金额	备注	
1	普洱茶	300g	盒	420	56.16	23587.20		
2								
3								
4								
5								
总金额大写	贰万叁仟伍佰捌拾柒圆贰角整					总金额小写	23587.20	

销售：李华　　　　商务：　　　　　　总经理：　　　　　　经手人：张丽

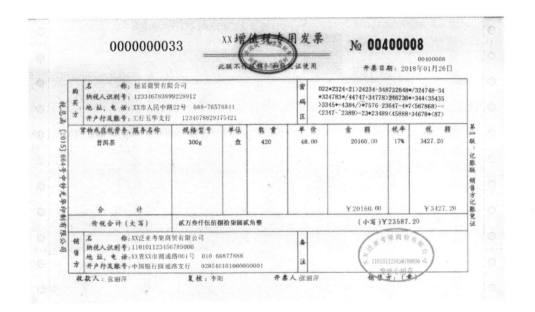

出 库 单

单位：恒易商贸有限公司　　　　2018 年 1 月 26 日　　　　No23860004

货 号	品 名	规格	单位	数量	单价	金额	备注
pe01	普洱茶	300g	盒	420			

制单：张丽　　　　负责人：　　　　业务：　　　　财务：

第三联　会计联

中国银行
BANK OF CHINA

国内支付业务收款回单

客户号：3652115784　　　　　　　　日期：2018年01月26日

付款人账号：1234678829375421　　　**收款人账号：**028540101000000001

付款人名称：恒易商贸有限公司　　　**收款人名称：**XX泛亚考絷商贸有限公司

付款人开户行：工行五华支行　　　　**收款人开户行：**中国银行圆通路支行

金额：　CNY23587.20
　　　人民币贰万叁仟伍佰捌拾柒圆贰角整

报文种类：beps.121.001.01-客户发起普通贷记业务报文
业务类型：A100-普通汇兑　　　　　　　　　　　收支申报号：
业务标识号：201801263573222　　　　　　　　　业务编号：BNET 5600007253741849/000000000000
发起行行号：454338745859　　　　　　　　　　接收行行号：
发起行名称：中国银行股份有限公司XX市圆通路支行　　接收行名称：

扣账账号：1234678829375421　　　　　　　扣账户名：恒易商贸有限公司

用途：货款

附言：货款

中国银行股份有限公司
电子回单专用章

如您已通过银行网点取得相应纸质回单，请注意核对，勿重复记账！

交易机构：15806　　　交易渠道：网上银行　　　交易流水号：92709642-646　　　经办：

回单编号：　　　　回单验证码：242K5UBAK4FA　　　打印时间：　　　打印次数：　　　次

（23）业务描述：2018 年 1 月 27 日，收回艺林商贸欠款 28900 元，存入银行。

（24）业务描述：2018 年 1 月 27 日，收回恒易商贸有限公司货款 250000 元，存入银行。

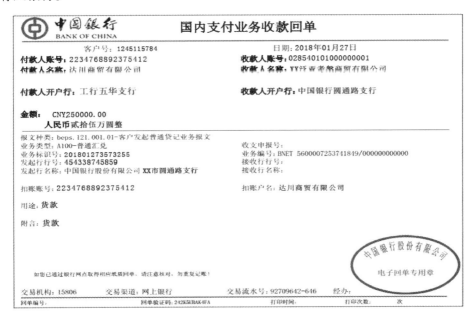

（25）业务描述：2018 年 1 月 27 日，收回欣欣装饰有限公司货款 16560 元，存入银行。

（26）业务描述：2018 年 1 月 28 日，支付洛山经贸货款 160000 元。

（27）业务描述：2018 年 1 月 28 日，出售奥迪车，售价 150000 元，支付清理费 10000 元。

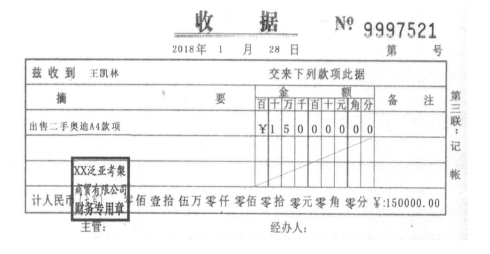

二手车销售统一发票
发票联

发票代码 053001800101
发票号码 00069898

开票日期: 2018-01-28

机打代码	053001800101	税控码	065896102391451896102
机打号码	00069898		
机器编号	499940917777		

买方单位/个人	王凯林	单位代码/身份证号码	46574899900547897860
买方单位/个人住址	XX省XX市大观路78号	电话	147XX478378
卖方单位/个人	XX泛亚考槃商贸有限公司	单位代码/身份证号码	110101123456789000
卖方单位/个人住址	XX市城市花园89号	电话	021-6547xx81

车牌照号	泸A89789X	登记证号	6xxx4889978	车辆类型	乘用车(排气量2.0T以上)
车架号/车辆识别代码	LVXCCHKA0BL004699	厂牌型号		转入地车辆管理所名称	XX省XX市
车价合计(大写)	Ⓧ壹拾伍万圆整			小写	￥150000.00

经营、拍卖单位				
经营、拍卖单位地址		纳税人识别号		
			电话	
开户银行、账号				

二手车市场	XX市物资利用XX二手交易市场有限公司	纳税人识别号	78695908989990403
		地址	XX市XX街道67号
开户银行、账号	中国建设银行股份有限公司 879566666634888888	电话	021-2345788

备注:

开票单位(盖章)　　　　　　　　　　　开票人 范丽君　　　　　手写无效

第一联 发票联

（28）业务描述：2018 年 1 月 28 日，购买办公用品，支付现金 280 元，取得增值税专用发票。

费报销清单

使用单位：　财务部　　　　　　　　　　　报销日期：2018 年 1 月 28 日

用　途	报销数		财务科审核意见
	单据张数	金额	
购复印纸一箱	1	280.00	
金额合计（大写）贰佰捌拾圆整		￥：280.00	课　题
付讫记录：现金：　　银行：　　转账：			审核签章

原始单据贴后

单位负责人：　　　　　保管验收或证明：　　　　　经报人：

（29）业务描述：2018 年 1 月 29 日，支付金税盘维护费 300 元，取得增值税专用发票。

0000001333　　XX增值税普通发票　　No 00000777

机器编号：99999912646

开票日期：2018年01月29日

名　称	XX泛亚考棸商贸有限公司
纳税人识别号	11010112345678900
地址、电话	XX市圆通路001号010-68877888
开户行及账号	中国银行圆通路支行　028540101000000001

密码区：03168197<3<*89/>82+11+8>1001
+154*43>>>960376>196+22><0<5
>03168197<35/4*89/>82+11+8>1
82+11+8>1001/-46069741001/-4

货物或应税劳务、服务名称	规格型号	单位	数量	单价	金额	税率	税额
金税服务费					283.02	6%	16.98
合　　　计					￥283.02		￥16.98

价税合计（大写）　⊗叁佰圆整　　（小写）￥300.00

销售方	名　称	百威服务咨询有限公司
	纳税人识别号	123QWN378694M87678
	地址、电话	XX市香榭丽大街335号　012-56748398
	开户行及账号	香港银行香榭丽支行　375834968790

收款人：JAKE　　复核：吴毛毛　　开票人：JAKE

（30）业务描述：2018年1月29日，支付2019年一季度房租费54000元，取得增值税专用发票。

0000011130		XX增值税专用发票			№ 08877888	0000011130 08877888	
机器编号：99099909913					开票日期：2018年1月24日		

购买方	名　称：XX泛亚考澳商贸有限公司				密码区	073<002*<1++57*2*/+84>-/>43< -4<36>9-157>726/-*<8935>3</+ 0-423/2-<73<032<244+/09+57+2 4<36>9-157>726/*0350055/0*9<	
	纳税人识别号：110101123456789000						
	地　址、电话：XX市圆通路001号 010-68877888						
	开户行及账号：中国银行圆通路支行 028540101000000001						

货物或应税劳务、服务名称	规格型号	单位	数量	单价	金额	税率	税额
*房屋租赁*房租费					48648.65	11%	5351.35
合　　计					￥48648.65		￥5351.35
价税合计（大写）　⊗伍万肆仟圆整					（小写）￥54000.00		

销售方	名　称：XX市晶晶物业服务有限公司		备注	期限：2018年1月25日至2018年4月24日
	纳税人识别号：127869543701234568			
	地　址、电话：XX市圆通路900号 010-65388399			
	开户行及账号：华夏银行圆通路支行 4357463589375			

收款人：周杰伦　　复核：杨璐　　开票人：周杰伦

（31）业务描述：2018年1月30日，支付公司员工聚餐费3600元。

费报销清单

使用单位：行政部　　　　　　　　　　　　　　报销日期：2018年1月21日

用　　途	报销数		财务科审核意见
	单据张数	金额	
全体员工聚餐	1	3600.00	

金额合计（大写）叁仟陆佰圆整	￥：3600.00	课　题	
付讫记录：现金：√　银行：　　转账：		审核签章	

单位负责人：　　　　　保管验收或证明：　　　　　经报人：胡雅丽

（32）业务描述：2018 年 1 月 30 日，李军明报销餐费 1298 元。

费报销清单

使用单位：销售部　　　　　　　　　　　　　　　报销日期：2018 年 1 月 30 日

用　途	报销数		财务科审核意见
	单据张数	金额	
招待客户用餐	1	1298.00	
金额合计（大写）壹仟贰佰玖拾捌圆整		￥：1298.00	课　题
付讫记录：现金 √　　　银行：　　　转账：			审核签章

单位负责人：　　　　　保管验收或证明：　　　　　　经报人：李军明

（33）业务描述：2018 年 1 月 30 日，行政部王娟报销公司水电费 2300 元。

费报销清单

使用单位：__行政部__　　　　　　　　　　　报销日期：2018 年 1 月 30 日

用　　途	报销数		财务科审核意见
	单据张数	金额	
一月份水费	1	800.00	
一月份电费	1	1500.00	
金额合计（大写）贰仟叁佰圆整		￥：2300.00	课　题
付讫记录：现金：√　　　银行：　　　转账：			审核签章

单位负责人：　　　　　保管验收或证明：　　　　　经报人：王娟

（34）业务描述：2018 年 1 月 19 日，行政部王娟报销奥迪车停车费 60 元、过路费 60 元、油料费 600 元。

费报销清单

使用单位：行政部　　　　　　　　　　　　　报销日期：2018 年 1 月 19 日

用　　途	报销数		财务科审核意见
	单据张数	金额	
油料费	1	600.00	
停车费	2	60.00	
过路费	1	60.00	
金额合计（大写）柒佰贰拾圆整　　　　　　　￥：720.00			课　题
付讫记录：现金：√　　银行：　　转账：			审核签章

原始单据贴后

单位负责人：　　　　保管验收或证明：　　　　经报人：王娟

（35）业务描述：2018 年 1 月 30 日，收到银行本月 24 日存入的第四季度利息收入 830.5 元。

第四节　月末处理

（1）业务描述：2018年1月31日，使用财务软件中的固定资产系统计提全年固定资产折旧。

（2）业务描述：2018年1月的使用Excel表格计提增值税、城建税、教育费附加、地方教育费附加（假设：城建税税率7%、教育费附加税率3%、地方教育费附加税率2%）。

（3）业务描述：2018年1月31日，结转本月销售成本。

（4）业务描述：2018年1月31日，根据第五节内容分配工资（结合第五节的工资表）。

（5）业务描述：2018年1月31日，计提个人所得税（结合第五节的工资表）。

（6）业务描述：2018年1月31日，根据第五节内容计提员工社保及公积金。

（7）业务描述：2018年1月31日，结转本月损益。

（8）业务描述：2018年1月31日，计提所得税。

（9）业务描述：2018年1月31日，结转所得税。

（10）业务描述：2018年1月31日，结转本年利润。

（11）业务描述：结账完成后，编制资产债表、利润表。

第五节　工资表及社保明细表编制

一、工资表编制

1. 工资薪酬方案

员工薪酬标准　　　　　　　　　　　单位：元

职级		基本	岗位	绩效	交通补贴	伙食补贴	月薪合计	年终发奖	总计	备注
总经理		11250	4000		500	300	16050	90000	282600	

职级		基本	岗位	绩效	交通补贴	伙食补贴	月薪合计	年终发奖	总计	备注
副总经理		9000			400	300	9700	72000	188400	
总经理助理		4600	2400		300	300	7600	41000	132200	
管理岗位	部门正职	3300	1500	1700	300	300	7100	31000	116200	
	部门副职	2700	1400	1400	300	300	6100	27500	100700	
	部门助理	2600	1300	1300	300	300	5800	25000	94600	
	高级主管	2500	1200	1200	300	300	5500	22000	88000	
	主管	2100	1100	1000	300	300	4800	19000	76600	
	副主管	1500	1000	900	300	300	4000	14200	62200	
基层员工	员工	900	600	600	200	200	2500	7800	37800	
试用期	硕士	2000					2000	7800	31800	
	本科	1500					1500	7800	25800	
	大专	1000					1000	7800	19800	

注：①迟到一次，扣款 10 元。

②请假扣款方案：病假一天，扣一天工资，事假一天，扣两天工资。

总计为年薪：月薪合计×12＋年终奖

2. 公司员工档案

员工档案

姓名	部门	职务	学历
李明	总经办	总经理	本科
吴东	总经办	副总经理	本科
张媛	总经办	总经理助理	大专
李加	财务部	部门正职	本科
王强	财务部	部门副职	大专
李阳	财务部	会计（员工）	大专
李明花	财务部	出纳（员工）	中专
李小贤	财务部	试用期	本科
赵大川	行政人事部	部门正职	本科
赵河	行政人事部	高级主管	本科
李花	行政人事部	主管	大专

续表

姓名	部门	职务	学历
王娟	行政人事部	人事专员（员工）	中专
胡雅丽	行政人事部	人事专员（员工）	中专
刘晋	行政人事部	实习	硕士
何一凡	销售部	部门正职	大专
李加	销售部	高级主管	本科
李大志	销售部	主管	大专
张国庆	销售部	副主管	大专
武大庆	销售部	销售专员（员工）	中专
张丽	销售部	销售专员（员工）	大专
李小茜	销售部	销售专员（员工）	中专
李和	销售部	销售专员（员工）	大专
王强	销售部	销售专员（员工）	大专
张志	销售部	销售专员（员工）	大专
张五	销售部	销售专员（员工）	本科
张二宝	销售部	试用期	大专
王宝	仓库	主管	大专
葛薪	仓库	员工	中专
张丽萍	仓库	员工	中专

3. 12月考勤汇总表

学员根据以下信息资料结合社保明细表，使用 Excel 编制 12 月工资表。

2018 年 12 月考勤汇总

姓名	部门	迟到	事假	病假
李明	总经办			
吴东	总经办			
张媛	总经办	2		
李加	财务部	1		
王强	财务部			

续表

姓名	部门	迟到	事假	病假
李阳	财务部		1	
李明花	财务部	3		
李小贤	财务部			
赵大川	人事部			
赵河	人事部			
李花	人事部			
王娟	人事部		2	
胡雅丽	人事部			1
刘晋	人事部			
何一凡	销售部			
李加	销售部			
李大志	销售部			3
张国庆	销售部	2		
武大庆	销售部			
张丽	销售部			
李小茜	销售部		2	
李和	销售部			
王强	销售部		5	
张志	销售部			
张五	销售部			
张二宝	销售部			
王宝	仓库			
葛薪	仓库			3
张丽萍	仓库			

二、社保明细表

请学员根据下表用 Excel 编制社保明细表。

泛亚考槃公司社保明细（2018 年　月）

| 序号 | 姓名 | 基数 | 医保 单位11% | | 重气病 | | 养老 | | | 工伤 | 失业 | | | 企业合计 | 个人合计 | 总计 |
			单位9.9%	个人2%	单位	个人	基数	单位19%	个人8%	单位0.4%	基数	单位0.7%	个人0.3%			
1	李明	3178.00														
2	吴东	3178.00														
3	张媛	3178.00														
4	李加	3178.00														
5	王强	3178.00														
6	李阳	3178.00														
7	李明花	3178.00														
8	李小贤	3178.00														
9	赵大川	3178.00														
10	赵河	3178.00														
11	李花	3178.00														
12	王娟	3178.00														
13	胡雅丽	3178.00														
14	刘晋	3178.00														
15	何一凡	3178.00														
16	李加	3178.00														

续表

序号	姓名	医保					养保			工伤	失业			企业合计	个人合计	总计
		基数	单位11%		重特病		基数	单位19%	个人8%	单位0.4%	基数	单位0.7%	个人0.3%			
			单位9.9%	个人2%	单位	个人										
17	李大志	3178.00														
18	张国庆	3178.00														
19	武大庆	3178.00														
20	张丽	3178.00														
21	李小茜	3178.00														
22	李和	3178.00														
23	王强	3178.00														
24	张志	3178.00														
25	张五	3178.00														
26	张二宝	3178.00														
27	王宝	3178.00														
28	葛薪	3178.00														
29	张丽萍	3178.00														
合计		92162.00														

三、公积金明细表

根据下列表单用 Excel 编制公积金明细表。

2018 年   月住房公积金缴纳明细

序号	姓名	缴存基数	月汇缴额合计	比例总计	个人比例	单位比例
1	李明	6000		0.1	0.05	0.05
2	吴东	6000		0.1	0.05	0.05
3	张媛	6000		0.1	0.05	0.05
4	李加	6000		0.1	0.05	0.05
5	王强	6000		0.1	0.05	0.05
6	李阳	6000		0.1	0.05	0.05
7	李明花	6000		0.1	0.05	0.05
8	李小贤	6000		0.1	0.05	0.05
9	赵大川	6000		0.1	0.05	0.05
10	赵河	6000		0.1	0.05	0.05
11	李花	6000		0.1	0.05	0.05
12	王娟	6000		0.1	0.05	0.05
13	胡雅丽	6000		0.1	0.05	0.05
14	刘晋	6000		0.1	0.05	0.05
15	何一凡	6000		0.1	0.05	0.05
16	李加	6000		0.1	0.05	0.05
17	李大志	6000		0.1	0.05	0.05
18	张国庆	6000		0.1	0.05	0.05
19	武大庆	6000		0.1	0.05	0.05
20	张丽	6000		0.1	0.05	0.05
21	李小茜	6000		0.1	0.05	0.05
22	李和	6000		0.1	0.05	0.05
23	王强	6000		0.1	0.05	0.05
24	张志	6000		0.1	0.05	0.05
25	张五	6000		0.1	0.05	0.05
26	张二宝	6000		0.1	0.05	0.05
27	王宝	6000		0.1	0.05	0.05
28	葛薪	6000		0.1	0.05	0.05
29	张丽萍	6000		0.1	0.05	0.05
	合计	174000				

第六节 增值税纳税申报及填表说明

一、增值税纳税申报表

1. 主表

增值税纳税申报表
（一般纳税人适用）

根据国家税收法律法规及增值税相关规定制定本表。纳税人不论有无销售额，均应按税务机关核定的纳税期限填写本表，并向当地税务机关申报。

税款所属时间：自 年 月 日 至 年 月 日 填表日期： 年 月 日 金额单位：元至角分

纳税人识别号				所属行业	
纳税人名称		法定代表人姓名	注册地址		生产经营地址
开户银行及账号		登记注册类型			电话号码

	项目	栏次	一般项目		即征即退项目	
			本月数	本年累计	本月数	本年累计
销售额	（一）按适用税率计税销售额	1				
	其中：应税货物销售额	2				
	应税劳务销售额	3				
	纳税检查调整的销售额	4				
	（二）按简易办法计税销售额	5				
	其中：纳税检查调整的销售额	6				
	（三）免、抵、退办法出口销售额	7				
	（四）免税销售额	8				
	其中：免税货物销售额	9				
	免税劳务销售额	10				
税款计算	销项税额	11				
	进项税额	12				
	上期留抵税额	13				

续表

项目		栏次	一般项目		即征即退项目	
			本月数	本年累计	本月数	本年累计
税款计算	进项税额转出	14				
	免、抵、退应退税额	15				
	按适用税率计算的纳税检查应补缴税额	16				
	应抵扣税额合计	17=12+13-14-5+16				
	实际抵扣税额	18（如17<11，则为17，否则为11）				
	应纳税额	19=11-18				
	期末留抵税额	20=17-18				
	简易计税办法计算的应纳税额	21				
	按简易计税办法计算的纳税检查应补缴税额	22				
	应纳税额减征额	23				
	应纳税额合计	24=19+21-23				
税款缴纳	期初未缴税额（多缴为负数）	25				
	实收出口开具专用缴款书退税额	26				
	本期已缴税额	27=28+29+30+31				
	①分次预缴税额	28				
	②出口开具专用缴款书预缴税额	29				
	③本期缴纳上期应纳税额	30				

续表

项目		栏次	一般项目		即征即退项目	
			本月数	本年累计	本月数	本年累计
	④本期缴纳欠缴税额	31				
税款缴纳	期末未缴税额（多缴为负数）	32＝24＋25＋26－27				
	其中：欠缴税额（≥0）	33＝25＋26－27				
	本期应补（退）税额	34＝24－28－29				
	即征即退实际退税额	35				
	期初未缴查补税额	36				
	本期入库查补税额	37			—	—
	期末未缴查补税额	38＝16＋22＋36－37			—	—

授权声明	如果你已委托代理人申报，请填写下列资料： 为本纳税人的代理申报人，任何与本申报表有关的往来文件，都可寄予此人。 现授权（地址） 授权人签字：	申报人声明	本纳税申报表是根据国家税收法律法规及相关规定填报的，我确定它是真实的、可靠的、完整的。 声明人签字：

主管税务机关：　　　　　　　　　接收人：　　　　　　　　　接收日期：

2. 附表一

增值税纳税申报表附表列资料 (一)

(本期销售情况明细)

税款所属时间: 年 月 日 至 年 月 日

金额单位: 元至角分

项目及栏次		开具增值税专用发票		开具其他发票		未开具发票		纳税检查调整		合计			服务、不动产和无形资产扣除项目本期实际扣除金额	扣除后	
		销售额	销项(应纳)税额	销售额	销项(应纳)税额	销售额	销项(应纳)税额	销售额	销项(应纳)税额	销售额	销项(应纳)税额	价税合计		含税(免税)销售额	销项(应纳)税额
		1	2	3	4	5	6	7	8	9=1+3+5+7	10=2+4+6+8	11=9+10	12	13=11-12	14=13÷(100%+税率或征收率)×税率或征收率
一、一般计税方法计税	全部征税项目	17%税率的货物及加工修理修配劳务	1												—	—
		17%税率的服务、不动产和无形资产	2												—	—
		13%税率	3												—	—
		11%税率	4												—	—
		6%税率	5												—	—
	其中: 即征即退项目	即征即退货物及加工修理修配劳务	6	—	—										—	—
		即征即退服务、不动产和无形资产	7	—	—										—	—

续表

项目及栏次		开具增值税专用发票		开具其他发票		未开具发票		纳税检查调整		合计			服务、不动产和无形资产扣除项目本期实际扣除金额	扣除后	
		销售额	销项（应纳）税额	销售额	销项（应纳）税额	销售额	销项（应纳）税额	销售额	销项（应纳）税额	销售额	销项（应纳）税额	价税合计		含税（免税）销售额	销项（应纳）税额
		1	2	3	4	5	6	7	8	$9=1+3+5+7$	$10=2+4+6+8$	$11=9+10$	12	$13=11-12$	$14=13\div(100\%+$税率或征收率$)\times$税率或征收率
二、简易计税方法计税 全部征税项目	6%征收率	8											—	—	—
	5%征收率的货物及加工修理修配劳务	9a										—	—	—	—
	5%征收率的服务、不动产和无形资产	9b											12	$13=11-12$	—
	4%征收率	10										—	—	—	—
	3%征收率的货物及加工修理修配劳务	11										—	—	—	—
	3%征收率的服务、不动产和无形资产	12											—	—	—
	预征率 %	13a										—	—	—	—
	预征率 %	13b										—	—	—	—
	预征率 %	13c										—	—	—	—

续表

项目及栏次	开具增值税专用发票 销售额	销项（应纳）税额	开具其他发票 销售额	销项（应纳）税额	未开具发票 销售额	销项（应纳）税额	纳税检查调整 销售额	销项（应纳）税额	合计 销售额	合计 销项（应纳）税额	价税合计	服务、不动产和无形资产扣除项目本期实际扣除金额	扣除后 含税（免税）销售额	扣除后 销项（应纳）税额
栏次	1	2	3	4	5	6	7	8	9=1+3+5+7	10=2+4+6+8	11=9+10	12	13=11-12	14=13÷(100%+税率或征收率)×税率或征收率
二、简易计税方法计税　其中:即征即退货物及加工修理修配劳务　14	—	—	—	—	—	—	—	8	9=1+3+5+7	10=2+4+6+8	11=9+10	12	13=11-12	14=13÷(100%+税率或征收率)×税率或征收率
即征即退服务、不动产和无形资产　15	—	—	—	—	—	—	—	—	—	—	—	—	—	—
三、免抵退税 货物及加工修理修配劳务　16	—	—	—	—	—	—	—	—	—	—	—	—	—	—
免抵退税 服务、不动产和无形资产　17	—	—	—	—	—	—	—	—	—	—	—	—	—	—
四、免税 货物及加工修理修配劳务　18	—	—	—	—	—	—	—	—	—	—	—	—	—	—
免税 服务、不动产和无形资产　19	—	—	—	—	—	—	—	—	—	—	—	—	—	—

3. 附表二

增值税纳税申报表附列资料（二）

（本期进项税额明细）

税款所属时间：　　年　月　日至　　年　月　日

纳税人名称：　　　　　　　　　　　　　　　　　　　　　金额单位：元至角分

一、申报抵扣的进项税额				
项目	栏次	份数	金额	税额
（一）认证相符的增值税专用发票	1＝2＋3			
其中：本期认证相符且本期申报抵扣	2			
前期认证相符且本期申报抵扣	3			
（二）其他扣税凭证	4＝5＋6＋7＋8			
其中：海关进口增值税专用缴款书	5			
农产品收购发票或者销售发票	6			
代扣代缴税收缴款凭证	7			
其他	8			
（三）本期用于购建不动产的扣税凭证	9			
（四）本期不动产允许抵扣进项税额	10	—	—	
（五）外贸企业进项税额抵扣证明	11	—	—	
当期申报抵扣进项税额合计	12＝1＋4－9＋10＋11			
二、进项税额转出额				
项目	栏次	税额		
本期进项税额转出额	13＝14～23之和			
其中：免税项目用	14			
集体福利、个人消费	15			
非正常损失	16			
简易计税方法征税项目用	17			
免抵退税办法不得抵扣的进项税额	18			
纳税检查调减进项税额	19			
红字专用发票信息表注明的进项税额	20			
上期留抵税额抵减欠税	21			
上期留抵税额退税	22			
其他应作进项税额转出的情形	23			
三、待抵扣进项税额				
项目	栏次	份数	金额	税额
（一）认证相符的增值税专用发票	24	—	—	—
期初已认证相符但未申报抵扣	25			

续表

三、待抵扣进项税额				
项目	栏次	份数	金额	税额
本期认证相符且本期未申报抵扣	26			
期末已认证相符但未申报抵扣	27			
其中：按照税法规定不允许抵扣	28			
（二）其他扣税凭证	29＝30～33之和			
其中：海关进口增值税专用缴款书	30			
农产品收购发票或者销售发票	31			
代扣代缴税收缴款凭证	32		—	
其他	33			
	34			
四、其他				
项目	栏次	份数	金额	税额
本期认证相符的增值税专用发票	35			
代扣代缴税额	36		—	

4. 附表三

增值税纳税申报表附列资料（三）
（服务、不动产和无形资产扣除项目明细）

税款所属时间：　　年　　月　　日至　　年　　月　　日

金额单位：元至角分

项目及栏次		本期服务、不动产和无形资产价税合计额（免税销售额）	服务、不动产和无形资产扣除项目				
			期初余额	本期发生额	本期应扣除金额	本期实际扣除金额	期末余额
		1	2	3	4＝2＋3	5（5≤1且5≤4）	6＝4－5
17%税率的项目	1						
11%税率的项目	2						
6%税率的项目（不含金融商品转让）	3						
6%税率的金融商品转让项目	4						
5%征收率的项目	5						
3%征收率的项目	6						
免抵退税的项目	7						
免税的项目	8						

5. 附表四

增值税纳税申报表附列资料（四）

（税额抵减情况）

税款所属时间： 年 月 日至 年 月 日

纳税人名称： 金额单位：元至角分

序号	抵减项目	期初余额	本期发生额	本期应抵减税额	本期实际抵减税额	期末余额
		1	2	3＝1＋2	4≤3	5＝3－4
1	增值税税控系统专用设备费及技术维护费					
2	分支机构预征缴纳税款					
3	建筑服务预征缴纳税款					
4	销售不动产预征缴纳税款					
5	出租不动产预征缴纳税款					

6. 附表五

增值税纳税申报表附列资料（五）

（不动产分期抵扣计算表）

税款所属时间： 年 月 日至 年 月 日

纳税人名称：（公章） 金额单位：元至角分

期初待抵扣不动产进项税额	本期不动产进项税额增加额	本期可抵扣不动产进项税额	本期转入的待抵扣不动产进项税额	本期转出的待抵扣不动产进项税额	期末待抵扣不动产进项税额
1	2	3≤1＋2＋4	4	5≤1＋4	6＝1＋2－3＋4－5

7. 固定资产（不含不动产）进项税额抵扣情况

固定资产（不含不动产）进项税额抵扣情况

纳税人名称（公章）： 填表日期： 年 月 日 金额单位：元至角分

项 目	当期申报抵扣的固定资产进项税额	申报抵扣的固定资产进项税额累计
增值税专用发票		
海关进口增值税专用缴款书		
合 计		

8. 本期抵扣进项税额结构明细表

本期抵扣进项税额结构明细表

税款所属时间： 年 月 日 至 年 月 日

纳税人名称：（公章） 金额单位：元至角分

项目	栏次	金额	税额
合计	1＝2＋4＋5＋11		
一、按税率或征收率归集（不包括购建不动产、通行费）的进项			
17%税率的进项	2		
其中：有形动产租赁的进项	3		
13%税率的进项	4		
11%税率的进项	5		
其中：运输服务的进项	6		
电信服务的进项	7		
建筑安装服务的进项	8		
不动产租赁服务的进项	9		
受让土地使用权的进项	10		
6%税率的进项	11		
其中：电信服务的进项	12		
金融保险服务的进项	13		
生活服务的进项	14		
取得无形资产的进项	15		
5%征收率的进项	16		
其中：不动产租赁服务的进项	17		
3%征收率的进项	18		
其中：货物及加工、修理修配劳务的进项	19		
运输服务的进项	20		
电信服务的进项	21		
建筑安装服务的进项	22		
金融保险服务的进项	23		
有形动产租赁服务的进项	24		
生活服务的进项	25		
取得无形资产的进项	26		
减按1.5%征收率的进项	27		
	28		
二、按抵扣项目归集的进项			
用于购建不动产并一次性抵扣的进项	29		
通行费的进项	30		
	31		
	32		

9. 增值税减免税申报明细表

增值税减免税申报明细表

税款所属时间：自　年　月　日至　年　月　日

纳税人名称（公章）：　　　　　　　　　　　　　金额单位：元至角分

一、减税项目					
减税性质代码及名称	栏次	期初余额	本期发生额	本期应抵减税额	本期实际抵减税额	期末余额
		1	2	3 = 1 + 2	4 ≤ 3	5 = 3 - 4
合计	1					
	2					
	3					
	4					
	5					
	6					
二、免税项目					
免税性质代码及名称	栏次	免征增值税项目销售额	免税销售额扣除项目本期实际扣除金额	扣除后免税销售额	免税销售额对应的进项税额	免税额
		1	2	3 = 1 - 2	4	5
合计	7					
出口免税	8		—	—	—	—
其中：跨境服务	9		—	—	—	—
	10					
	11					
	12					
	13					
	14					
	15					
	16					

二、填表说明

（一）一般纳税人按照以下顺序填写申报表

1. 销售情况的填写

第一步：填写《增值税纳税申报表附列资料（一）》（本期销售情况明细）第 1~11 列。

第二步：填写《增值税纳税申报表附列资料（三）》（服务、不动产和无形

资产扣除项目明细)。(有差额扣除项目的纳税人填写)

第三步:填写《增值税纳税申报表附列资料(一)》(本期销售情况明细)第 12 ~ 14 列。(有差额扣除项目的纳税人填写)

第四步:填写《增值税减免税申报明细表》。(有减免税业务的纳税人填写)

2. 进项税额的填写

第五步:填写《增值税纳税申报表附列资料(五)》(不动产分期抵扣计算表)。(有不动产进项税额分期抵扣业务的纳税人填写)

第六步:填写《固定资产(不含不动产)进项税额抵扣情况表》。[有固定资产(不含不动产)进项税额抵扣业务的纳税人填写]

第七步:填写《增值税纳税申报表附列资料(二)》(本期进项税额明细)。

第八步:填写《本期抵扣进项税额结构明细表》。

3. 税额抵减的填写

第九步:填写《增值税纳税申报表附列资料(四)》(税额抵减情况表)。(有税额抵减业务的纳税人填写)

4. 主表的填写

第十步:填写《增值税纳税申报表》(一般纳税人适用)。(根据附表数据填写主表)

(二)一般业务的填写

增值税一般纳税人发生的一般业务(不包含即征即退、减免税、出口退税、汇总申报、税额抵减、差额征税、固定资产抵扣、不动产抵扣业务),只需要填写附表一、附表二、进项结构明细表和主表中的部分项目,其他表格不需要填写。

1. 销售情况的填写

(1)一般计税方法的填写。纳税人适用一般计税方法的业务,当期取得的收入根据适用不同的税率确定的销售额和销项税额,分别填写到对应的"开具增值税专用发票""开具其他发票""未开具发票"列中。

(2)简易计税方法的填写。纳税人适用简易计税方法的业务,当期取得的收入根据适用不同征收率确定的销售额和应纳税额,分别填写到对应的"开具增值税专用发票""开具其他发票""未开具发票"列中。

2. 进项税额的填写

(1)申报抵扣的进项税额的填写。纳税人当期认证相符(或增值税发票查询平台勾选确认抵扣）的增值税专用发票（含机动车销售统一发票）的进项税额填写在"认证相符的增值税专用发票"栏次中。

当期取得的"海关进口增值税专用缴款书"经稽核比对相符后，根据稽核比对结果通知书注明的相符税额合计，填写到附表二第5栏"海关进口增值税专用缴款书"栏次中。

当期取得的农产品收购发票或销售发票计算的进项税额，填写到附表二第6栏"农产品收购发票或者销售发票"栏次中。实行农产品核定扣除的企业，计算出的当期农产品核定扣除进项税额也填写在此栏中。

当期取得的"代扣代缴税收缴款凭证"，代扣代缴的税额填写到附表二第7栏"代扣代缴税收缴款凭证"栏次中。

2016年5月1日至7月31日期间取得的道路、桥、闸通行费，以取得的通行费发票（不含财政票据）上注明的收费金额计算的可抵扣进项税额，填入附表二第8栏"其他"。

【政策链接】一般纳税人支付的道路、桥、闸通行费，暂凭取得的通行费发票（不含财政票据，下同）上注明的收费金额按照下列公式计算可抵扣的进项税额：

高速公路通行费可抵扣进项税额 = 高速公路通行费发票上注明的金额 ÷（1 + 3%）×3%；

一级公路、二级公路、桥、闸通行费可抵扣进项税额 = 一级公路、二级公路、桥、闸通行费发票上注明的金额 ÷（1 + 5%）×5%。

（2）进项税额转出额的填写。纳税人已经抵扣但按政策规定应在本期转出的进项税额，填写到附表二第13～23栏中。

【政策链接】《试点实施办法》第二十七条　下列项目的进项税额不得从销项税额中抵扣：

①用于简易计税方法计税项目、免征增值税项目、集体福利或者个人消费的购进货物、加工修理修配劳务、服务、无形资产和不动产。其中，涉及的固定资产、无形资产、不动产，仅指专用于上述项目的固定资产、无形资产（不包括其他权益性无形资产）、不动产。纳税人的交际应酬消费属于个人消费。

②非正常损失的购进货物，以及相关的加工修理修配劳务和交通运输服务。

③非正常损失的在产品、产成品所耗用的购进货物（不包括固定资产）、加工修理修配劳务和交通运输服务。

④非正常损失的不动产，以及该不动产所耗用的购进货物、设计服务和建筑服务。

⑤非正常损失的不动产在建工程所耗用的购进货物、设计服务和建筑服务。纳税人新建、改建、扩建、修缮、装饰不动产，均属于不动产在建工程。

3. 进项税额结构明细的填写

《本期抵扣进项税额结构明细表》中"按税率或征收率归集（不包括购建不动产、通行费）的进项"，反映纳税人按税法规定符合抵扣条件，在本期申报抵扣的不同税率（或征收率）的进项税额，不包括用于购建不动产的允许一次性抵扣和分期抵扣的进项税额，以及纳税人支付的道路、桥、闸通行费，取得的增值税扣税凭证上注明或计算的进项税额。

纳税人执行农产品增值税进项税额核定扣除办法的，按照农产品增值税进项税额扣除率所对应的税率，将计算抵扣的进项税额填入相应栏次。

纳税人取得通过增值税发票管理新系统中差额征税开票功能开具的增值税专用发票，按照实际购买的服务、不动产或无形资产对应的税率或征收率，将扣税凭证上注明的税额填入对应栏次。

第29栏反映纳税人用于购建不动产允许一次性抵扣的进项税额。购建不动产允许一次性抵扣的进项税额，是指纳税人用于购建不动产时，发生的允许抵扣且不适用分期抵扣政策的进项税额。

【政策链接】根据国家税务总局2016年第15号公告，不需进行分2年抵扣的不动产（可一次性全额抵扣）主要是指：房地产开发企业销售自行开发的房地产项目、融资租入的不动产、施工现场修建的临时建筑物、构筑物。

4. 主表的填写

（1）销售额的填写。一般纳税人申报表主表中的销售额都为不含税销售额。服务、不动产和无形资产有扣除项目的，为扣除之前的不含税销售额。销售额根据不同项目，分别填写到"按适用税率计税销售额""按简易办法计税销售额""免、抵、退办法出口销售额""免税销售额"。主表的销售额根据附表一中的销售额进行填写。

其中，服务、不动产和无形资产的销售额不填写到主表第3栏"应税劳务销售额"中，应填写到主表第1栏"按适用税率计税销售额"中。

"应税劳务销售额"栏填写应税加工、修理、修配劳务的不含税销售额。

（2）税款计算的填写。附表一中的"货物劳务的销项税额"与"服务、不动产和无形资产的销项税额"合计填写在主表第11栏"销项税额"栏次。附表二中第12栏"当期申报抵扣进项税额合计"填写在主表第12栏"进项税额"中。根据主表中注明的公式计算的"应抵扣税额合计""实际抵扣税额""应纳税额""期末留抵税额""应纳税额合计"分别填写在相应的栏次。

主表第23栏"应纳税额减征额"填写纳税人本期按照税法规定减征的增值

税应纳税额，包含按照规定可在增值税应纳税额中全额抵减的增值税税控系统专用设备费用以及技术维护费（以下简称两项费用），纳税人销售使用过的固定资产、销售旧货销售额1%减征的部分。

主表第24栏"应纳税额合计"由一般计税方法计算的"应纳税额"与"简易计税办法计算的应纳税额"之和，减去"应纳税额减征额"计算得出。一般计税方法的留抵税额不能抵扣简易计算办法计算的应纳税额。

（3）税款缴纳的填写。主表第28栏"①分次预缴税额"填写纳税人本期已缴纳的准予在本期增值税应纳税额中抵减的税额。

主表第34栏"本期应补（退）税额"反映纳税人本期应纳税额中应补缴或应退回的数额。按表中所列公式计算填写。

（三）特殊业务的填写

1. 即征即退业务的填写

纳税人按规定享受增值税即征即退政策的货物、劳务和服务、不动产、无形资产的征（退）税数据填写在附表一"即征即退项目"栏次中和主表"即征即退项目"列中。未发生即征即退业务的纳税人无须填写相关内容。即征即退业务的纳税人取得的进项税额需要在"一般项目"和"即征即退项目"中进行分摊。

2. 减免税业务的填写

发生免税业务的纳税人需要填写附表一免税相应栏次和减免税明细表、主表免税销售额栏次。

3. 减免税明细表的填写

"减税项目"由本期按照税收法律、法规及国家有关税收规定享受减征（包含税额式减征、税率式减征）增值税优惠的纳税人填写。"应纳税额减征额"当期大于零的纳税人需要填写"减税项目"栏次。

"免税项目"由本期按照税收法律、法规及国家有关税收规定免征增值税的纳税人填写。仅享受小微企业免征增值税政策或未达起征点的小规模纳税人不需填写，即小规模纳税人申报表主表第12栏"其他免税销售额""本期数"无数据时，不需填写本栏。

"减税性质代码及名称""免税性质代码及名称"根据国家税务总局最新发布的《减免性质及分类表》所列减免性质代码、项目名称填写。同时有多个减税、免税项目的，应分别填写。

"免税销售额对应的进项税额"按下列情况填写：纳税人兼营应税和免税项目的，按当期免税销售额对应的进项税额填写；纳税人本期销售收入全部为免税项目，且当期取得合法扣税凭证的，按当期取得的合法扣税凭证注明或计算的进项税额填写；当期未取得合法扣税凭证的，纳税人可根据实际情况自行计算免税项目对应的进项税额；无法计算的，本栏次填"0"。

4. 出口退税业务的填写

（1）生产企业免抵退税业务的填写。

①出口销售额的填写：生产企业适用免抵退政策的当期出口销售额填报在附表一"免抵退税"部分"开具其他发票""销售额"列，和主表第7栏"免、抵、退办法出口销售额"。该销售额为企业会计确认的出口销售额。《免抵退税申报汇总表》中的出口销售额是单证信息齐全进行出口退税申报的销售额。两者口径不一致，形成的《免抵退税申报汇总表》与《增值税纳税申报表》本年累计销售额差异属于正常情形。

②征退税率之差转出的进项税额填写：生产企业应根据免抵退税正式申报的出口销售额计算免抵退税不得免征和抵扣税额，并填报在当期《增值税纳税申报表附列资料（二）》第18栏"免抵退税办法不得抵扣的进项税额"、《免抵退税申报汇总表》第25栏"免抵退税不得免征和抵扣税额"。汇总表第25栏与附表二第18栏数值需相同，不得有差异。

③免、抵、退应退税额的填写：增值税纳税申报表主表中的第15栏"免、抵、退应退税额"不是申报系统自动带出来，需要手工填入。该栏按照税务机关退税部门审核确认的上期《免、抵、退税申报汇总表》中的第36栏"当期应退税额"填报。出口企业无论当月是否收到退税款，都必须按照以上要求填写。

④生产企业出口业务适用免税情形的填写：生产企业出口业务适用免税情形时，出口销售额填写在附表一免税列、减免税明细表中"出口免税"栏次和主表第8栏"免税销售额"中。与此同时，用于免税业务计算的进项税额转出填写在附表二第14栏"免税项目用"。

（2）外贸企业免退税业务的填写。

①出口销售额的填写：外贸企业出口销售额适用免退税的，填写在附表一免税列和主表主表第8栏"免税销售额"中。

②进项税额的填写：外贸企业用于出口业务取得的专用发票须按规定的时限进行认证（或登录发票查票平台勾选确认）。外贸企业内外销必须分开核算。外贸企业取得的用于出口退（免）税的进项发票，认证后填写在附表二"待抵扣

进项税额"相应栏次。外贸企业征退税率之差部分计入成本，不在附表二进项税额转出中反映。

5. 汇总申报业务的填写

（1）总机构申报表的填写。实行总分支机构汇总申报的企业，总机构填写完整的增值税申报表。总机构根据传递表系统汇总的，包含所有总分支机构销售额、进项税额、分支机构分配的应纳税额，进行填写申报表。总机构需要填写完整的申报表。

所有总分支机构取得的进项税额，由总机构汇总填写在附表二第 1 栏"认证相符的增值税专用发票"中。按季申报的总机构，汇总的进项税额包含该季度所有总分支机构认证（或登录发票查询平台勾选确认）的专用发票进项税额之和。

分支机构根据销售占比分配的税款，由总机构填写在主表第 28 栏"①分次预缴税额"。实行定率预缴的总分支机构，分支机构定率预征的税款也填报在该栏。

（2）分支机构申报表的填写。分支机构只需要填写附表一、附表二、主表。

①销售额的填写：分支机构实行按销售额占比分配的税款，倒推出的销售额填写在附表一"一般计税方法计税"相应税率栏次中。

分支机构实行定率预征计算的税款，倒推出的销售额填写在附表一"一般计税方法计税"相应税率栏次中。

"营改增"分支机构实行定率预征的，销售额填写在附表一第 13a 行"预征率%"。部分实行汇总计算缴纳增值税的铁路运输试点纳税人销售额填写在附表一第 13b、13c 行。

②进项税额的填写：分支机构认证（或登录发票查询平台勾选确认）的专用发票进项税额填写在附表二第 1 栏"认证相符的增值税专用发票"中，并填写到附表二第 17 栏"简易·计税方法征税项目用"做进项税额转出。

6. 税额抵减业务的填写

发生"两项费用"抵减以及销售、出租不动产和销售建筑服务按规定预缴增值税的纳税人，需要填写《增值税纳税申报表附列资料（四）》（税额抵减情况表）。

本表第 3 行由销售建筑服务并按规定预缴增值税的纳税人填写，反映其销售建筑服务预征缴纳税款抵减应纳增值税税额的情况。

本表第 4 行由销售不动产并按规定预缴增值税的纳税人填写，反映其销售不动产预征缴纳税款抵减应纳增值税税额的情况。

本表第 5 行由出租不动产并按规定预缴增值税的纳税人填写，反映其出租不动产预征缴纳税款抵减应纳增值税税额的情况。

7. 差额征税业务的填写

有差额征税业务的纳税人需要填写附表二第 12~14 列和附表三。附表二中第 12 列相应栏次的数值应等于附表三第 3 列相应栏次的数值。

第七节　个人所得税纳税申报填表说明

第 1 栏 "工号"：必填项，数字型，1 到 5 个字符。

第 2 栏 "纳税人姓名" 为必填项，属性为字符型，2 到 20 个字符。

第 3 栏 "证照类型"：为必填项。

第 4 栏 "证照号码"：为必填项，属性为字符型，2 到 20 个字符。

以上 4 栏在税局信息采集时录入，填写申报表时自动生成。如身份证号码与公安系统查询身份证号码不符，信息采集将不成功，也不能进行纳税申报。

第 5 栏 "所得期间起"：必填项，日期格式，yyyy-MM-dd，系统自动生成。

第 6 栏 "*所得期间止"：必填项，日期格式，yyyy-MM-dd，系统自动生成。

第 7 栏 "收入额"：必填项，数字型，限制 20 位。

第 8 栏 "免税所得"：选填项，数字型，限制 20 位。

第 9 栏 "基本养老保险费"：选填项，数字型，限制 20 位。

第 10 栏 "基本医疗保险费"：选填项，数字型，限制 20 位。

第 11 栏 "失业保险费"：选填项，数字型，限制 20 位。

第 12 栏 "住房公积金"：选填项，数字型，限制 20 位。

第 13 栏 "允许扣除的税费"：选填项，数字型，限制 20 位。

第 14 栏 "年金"：选填项，数字型，限制 20 位。

第 15 栏 "商业健康保险费"：选填项，数字型，限制 20 位。

第 16 栏 "其他扣除"：选填项，数字型，限制 20 位。

第 17 栏 "税前扣除项目合计"：自动计算得出（17 = 10 + 11 + 12 + 13 + 14 + 15 + 16），不可修改。

第 18 栏 "减除费用"：选填项，数字型，限制 20 位，国内正常工资薪金填写 3500，国外工资薪金填写 4800。

第 19 到 22 栏：应填写备案表后系统自动生成，不可修改，没有不填。

第 23 到 30 栏：系统自动计算得出结果，不可修改。

个税申报表

工号	姓名	证照类型	证照号码	所得期间起	所得期间止	收入额	免税所得	基本养老保险费	基本医疗保险费	失业保险费

续表

住房公积金	允许扣除的税费	年金	商业健康保险费	其他扣除	税前扣除项目合计	减除费用	实际捐赠额	允许列支的捐赠比例	准予扣除的捐赠额

续表

扣除及减除项目合计	应纳税所得额	税率	速算扣除数	应纳税额	减免税额	应扣缴税额	已扣缴税额	应补（退）税额	备注

第八节　附加税纳税申报及填制

一、纳税申报表（见下页）

二、填写方法

（1）可以看到地税申报表变更成了城建税、教育费附加、地方教育费附加税（费）申报表，也就是说这张表格只能够申报这三种税。

首先我们先填写税款所属期限，附加税是每个月都要申报的，所以直接填写你申报的月份就可以了，例如12月的，就是12月1~31日。

填报日期就直接填写你填表的日期就可以了，因为申报纳税一般都是1~15日，如果你超过期限纳税，也只能够填写当天的日期。

（2）计税依据就是你计算城建税、教育费附加、地方教育费附加的依据，这三种附加税都是根据增值税和消费税之和来的。

增值税这里分一般增值税和免抵税额，一般增值税就是你公司未减免之前的增值税额，如果有可以免抵的税额要单独列示在抵免税额栏。

城建税、教育费附加、地方教育附加税（费）申报表

税款所属期限：自 年 月 日至 年 月 日　　填表日期： 年 月 日

金额单位：元至角分

纳税人识别号										□单位 □个人	
纳税人信息	名称			有限公司		所属行业					
	登记注册类型					联系方式					
	身份证件号码										

税（费）种	计税（费）依据					税率（征收率）6	本期应纳税（费）额 7=5×6	本期减免（费）额		本期已缴税（费）额 10	本期应补（退）税（费）额 11=7-9-10
	增值税		消费税 3	营业税 4	合计 5=1+2+3+4			减免性质代码 8	减免额 9		
	一般增值税 1	免抵退税额 2									
城建税					0.00	7%	0.00			0.00	0.00
教育费附加					0.00	3%	0.00			0.00	0.00
地方教育附加					0.00	2%	0.00			0.00	0.00
合计	—		—	—	0.00	—	0.00		0.00	0.00	0.00

以下由纳税人填写：

纳税人声明	此纳税申报表是根据《中华人民共和国城市维护建设税暂行条例》《国务院征收教育费附加的暂行规定》《财政部关于统一地方教育附加政策有关问题的通知》和国家有关税收规定填报的，是真实的、可靠的、完整的。		
纳税人签章		代理人签章	代理人身份证号
		年 月 日	

以下由税务机关填写：

受理人		受理日期	受理税务机关签章
		年 月 日	

本表一式两份，一份纳税人留存，一份税务机关留存。

减免性质代码按照国家税务总局制定下发的最新《减免性质及分类表》中的最细项减免性质代码填报。

第九节　企业所得税季度年度纳税申报及填制

A200000《中华人民共和国企业所得税月（季）度预缴纳税申报表（A 类）》

税款所属期间：　年　月　日至年　月　日

纳税人识别号（统一社会信用代码）：□□□□□□□□□□□□□□□□□□

纳税人名称：　　　　　　　　　　　　　　　　　　金额单位：人民币元（列至角分）

预缴方式	□按照实际利润额预缴	□按照上一纳税年度应纳税所得额平均额预缴	□按照税务机关确定的其他方法预缴
企业类型	□一般企业	□跨地区经营汇总纳税企业总机构	□跨地区经营汇总纳税企业分支机构
预缴税款计算			
行次	项　目		本年累计金额
1	营业收入		
2	营业成本		
3	利润总额		
4	加：特定业务计算的应纳税所得额		
5	减：不征税收入		
6	减：免税收入、减计收入、所得减免等优惠金额（填写 A201010）		
7	减：固定资产加速折旧（扣除）调减额（填写 A201020）		
8	减：弥补以前年度亏损		
9	实际利润额（3＋4－5－6－7－8）/按照上一纳税年度应纳税所得额平均额确定的应纳税所得额		
10	税率（25%）		
11	应纳所得税额（9×10）		
12	减：减免所得税额（填写 A201030）		
13	减：实际已缴纳所得税额		
14	减：特定业务预缴（征）所得税额		
15	本期应补（退）所得税额（11－12－13－14）/税务机关确定的本期应纳所得税额		

续表

行次	项　目		本年累计金额
	汇总纳税企业总分机构税款计算		
16	总机构填报	总机构本期分摊应补（退）所得税额（17＋18＋19）	
17		其中：总机构分摊应补（退）所得税额（15×总机构分摊比例＿＿%）	
18		财政集中分配应补（退）所得税额（15×财政集中分配比例＿＿%）	
19		总机构具有主体生产经营职能的部门分摊所得税额（15×全部分支机构分摊比例＿＿%×总机构具有主体生产经营职能部门分摊比例＿＿%）	
20	分支机构填报	分支机构本期分摊比例	
21		分支机构本期分摊应补（退）所得税额	
	附报信息		
小型微利企业	□是□否	科技型中小企业	□是□否
高新技术企业	□是□否	技术入股递延纳税事项	□是□否
期末从业人数			

谨声明：此纳税申报表是根据《中华人民共和国企业所得税法》《中华人民共和国企业所得税法实施条例》以及有关税收政策和国家统一会计制度的规定填报的，是真实的、可靠的、完整的。

法定代表人（签章）：　　年　月　　日

纳税人公章： 会计主管： 填表日期：　年　月　　日	代理申报中介机构公章： 经办人： 经办人执业证件号码： 代理申报日期：年　月　　日	主管税务机关受理专用章： 受理人： 受理日期：年　月　　日

国家税务总局监制

A200000《中华人民共和国企业所得税月（季）度预缴纳税申报表（A 类）》填报说明

一、适用范围

本表适用于实行查账征收企业所得税的居民企业纳税人（以下简称纳税人）在月（季）度预缴纳税申报时填报。执行《跨地区经营汇总纳税企业所得税征收管理办法》（国家税务总局公告 2012 年第 57 号发布）的跨地区经营汇总纳税企业的分支机构，在年度纳税申报时填报本表。省（自治区、直辖市和计划单列市）税务机关对仅在本省（自治区、直辖市和计划单列市）内设立不具有法人资格分支机构的企业，参照《跨地区经营汇总纳税企业所得税征收管理办法》征收管理的，企业的分支机构在年度纳税申报时填报本表。

二、表头项目

（一）税款所属期间

1. 月（季）度预缴纳税申报

正常情况填报税款所属期月（季）度第一日至税款所属期月（季）度最后一日；年度中间开业的纳税人，在首次月（季）度预缴纳税申报时，填报开始经营之日至税款所属月（季）度最后一日，以后月（季）度预缴纳税申报时按照正常情况填报；年度中间终止经营活动的纳税人，在终止经营活动当期纳税申报时，填报税款所属期月（季）度第一日至终止经营活动之日，以后月（季）度预缴纳税申报表不再填报。

2. 年度纳税申报

填报税款所属年度 1 月 1 日至 12 月 31 日。

（二）纳税人识别号（统一社会信用代码）

填报税务机关核发的纳税人识别号或有关部门核发的统一社会信用代码。

（三）纳税人名称

填报营业执照、税务登记证等证件载明的纳税人名称。

三、有关项目填报说明

（一）预缴方式

纳税人根据情况选择。

"按照上一纳税年度应纳税所得额平均额预缴"和"按照税务机关确定的其他方法预缴"两种预缴方式属于税务行政许可事项，纳税人需要履行行政许可相关程序。

（二）企业类型

纳税人根据情况选择。

纳税人为《跨地区经营汇总纳税企业所得税征收管理办法》规定的跨省、自治区、直辖市和计划单列市设立不具有法人资格分支机构的跨地区经营汇总纳税企业，总机构选择"跨地区经营汇总纳税企业总机构"；仅在同一省、自治区、直辖市和计划单列市内设立不具有法人资格分支机构的跨地区经营汇总纳税企业，并且总机构、分支机构参照《跨地区经营汇总纳税企业所得税征收管理办法》规定征收管理的，总机构选择"跨地区经营汇总纳税企业总机构"。

纳税人为《跨地区经营汇总纳税企业所得税征收管理办法》规定的跨省、自治区、直辖市和计划单列市设立不具有法人资格分支机构的跨地区经营汇总纳税企业，分支机构选择"跨地区经营汇总纳税企业分支机构"；仅在同一省、自治区、直辖市和计划单列市内设立不具有法人资格分支机构的跨地区经营汇总纳税企业，并且总机构、分支机构参照《跨地区经营汇总纳税企业所得税征收管理办法》规定征收管理的，分支机构选择"跨地区经营汇总纳税企业分支机构"。

上述企业以外的其他企业选择"一般企业"。

（三）预缴税款计算

预缴方式选择"按照实际利润额预缴"的纳税人填报第1行至第15行，预缴方式选择"按照上一纳税年度应纳税所得额平均额预缴"的纳税人填报第9、10、11、12、13、15行，预缴方式选择"按照税务机关确定的其他方法预缴"的纳税人填报第15行。

1. 第1行"营业收入"：填报纳税人截至本税款所属期末，按照国家统一会计制度规定核算的本年累计营业收入。

例如，以前年度已经开始经营且按季度预缴纳税申报的纳税人，第二季度预缴纳税申报时本行填报本年1月1日至6月30日期间的累计营业收入。

2. 第2行"营业成本"：填报纳税人截至本税款所属期末，按照国家统一会计制度规定核算的本年累计营业成本。

3. 第3行"利润总额"：填报纳税人截至本税款所属期末，按照国家统一会计制度规定核算的本年累计利润总额。

4. 第4行"特定业务计算的应纳税所得额"：从事房地产开发等特定业务的纳税人，填报按照税收规定计算的特定业务的应纳税所得额。房地产开发企业销售未完工开发产品取得的预售收入，按照税收规定的预计计税毛利率计算的预计毛利额填入此行。企业开发产品完工后，其未完工预售环节按照税收规定的预计计税毛利率计算的预计毛利额在汇算清缴时调整，月（季）度预缴纳税申报时不调整。本行填报金额不得小于本年上期申报金额。

5. 第5行"不征税收入"：填报纳税人已经计入本表"利润总额"行次但属

于税收规定的不征税收入的本年累计金额。

6. 第 6 行"免税收入、减计收入、所得减免等优惠金额"：填报属于税收规定的免税收入、减计收入、所得减免等优惠的本年累计金额。

本行根据《免税收入、减计收入、所得减免等优惠明细表》（A201010）填报。

7. 第 7 行"固定资产加速折旧（扣除）调减额"：填报固定资产税收上享受加速折旧优惠计算的折旧额大于同期会计折旧额期间，发生纳税调减的本年累计金额。

本行根据《固定资产加速折旧（扣除）明细表》（A201020）填报。

8. 第 8 行"弥补以前年度亏损"：填报纳税人截至税款所属期末，按照税收规定在企业所得税税前弥补的以前年度尚未弥补亏损的本年累计金额。

当本表第 3 + 4 - 5 - 6 - 7 行≤0 时，本行 = 0。

9. 第 9 行"实际利润额/按照上一纳税年度应纳税所得额平均额确定的应纳税所得额"：预缴方式选择"按照实际利润额预缴"的纳税人，根据本表相关行次计算结果填报，第 9 行 = 第 3 + 4 - 5 - 6 - 7 - 8 行；预缴方式选择"按照上一纳税年度应纳税所得额平均额预缴"的纳税人，填报按照上一纳税年度应纳税所得额平均额计算的本年累计金额。

10. 第 10 行"税率（25%）"：填报 25%。

11. 第 11 行"应纳所得税额"：根据相关行次计算结果填报。第 11 行 = 第 9 × 10 行，且第 11 行≥0。

12. 第 12 行"减免所得税额"：填报纳税人截至税款所属期末，按照税收规定享受的减免企业所得税的本年累计金额。

本行根据《减免所得税额明细表》（A201030）填报。

13. 第 13 行"实际已缴纳所得税额"：填报纳税人按照税收规定已在此前月（季）度申报预缴企业所得税的本年累计金额。

建筑企业总机构直接管理的跨地区设立的项目部，按照税收规定已经向项目所在地主管税务机关预缴企业所得税的金额不填本行，而是填入本表第 14 行。

14. 第 14 行"特定业务预缴（征）所得税额"：填报建筑企业总机构直接管理的跨地区设立的项目部，按照税收规定已经向项目所在地主管税务机关预缴企业所得税的本年累计金额。

本行本期填报金额不得小于本年上期申报的金额。

15. 第 15 行"本期应补（退）所得税额/税务机关确定的本期应纳所得税额"：按照不同预缴方式，分情况填报：

预缴方式选择"按照实际利润额预缴"以及"按照上一纳税年度应纳税所得

得额平均额预缴"的纳税人根据本表相关行次计算填报。第 15 行 = 第 11 - 12 - 13 - 14 行，当第 11 - 12 - 13 - 14 行 <0 时，本行填 0；其中，企业所得税收入全额归属中央且按比例就地预缴企业的分支机构，以及在同一省、自治区、直辖市和计划单列市内的按比例就地预缴企业的分支机构，第 15 行 = 第 11 行 × 就地预缴比例 - 第 12 行 × 就地预缴比例 - 第 13 行 - 第 14 行，当第 15 行 = 第 11 行 × 就地预缴比例 - 第 12 行 × 就地预缴比例 - 第 13 行 - 第 14 行 <0 时，本行填 0。

预缴方式选择"按照税务机关确定的其他方法预缴"的纳税人填报本期应纳企业所得税的金额。

（四）汇总纳税企业总分机构税款计算

企业类型选择"跨地区经营汇总纳税企业总机构"的纳税人填报第 16、17、18、19 行；企业类型选择"跨地区经营汇总纳税企业分支机构"的纳税人填报第 20、21 行。

1. 第 16 行"总机构本期分摊应补（退）所得税额"：跨地区经营汇总纳税企业的总机构根据相关行次计算结果填报，第 16 行 = 第 17 + 18 + 19 行。

2. 第 17 行"总机构分摊应补（退）所得税额（15 × 总机构分摊比例 _____%）"：根据相关行次计算结果填报，第 17 行 = 第 15 行 × 总机构分摊比例。其中：跨省、自治区、直辖市、计划单列市经营的汇总纳税企业"总机构分摊比例"填报 25%，同一省（自治区、直辖市、计划单列市）内跨地区经营汇总纳税企业"总机构分摊比例"按照各省（自治区、直辖市和计划单列市）确定的总机构分摊比例填报。

3. 第 18 行"财政集中分配应补（退）所得税额（15 × 财政集中分配比例 _____%）"：根据相关行次计算结果填报，第 18 行 = 第 15 行 × 财政集中分配比例。其中：跨省（自治区、直辖市和计划单列市）经营的汇总纳税企业"财政集中分配比例"填报 25%，同一省（自治区、直辖市、计划单列市）内跨地区经营汇总纳税企业"财政集中分配比例"按照各省（自治区、直辖市和计划单列市）确定的财政集中分配比例填报。

4. 第 19 行"总机构具有主体生产经营职能的部门分摊所得税额（15 × 全部分支机构分摊比例 _____% × 总机构具有主体生产经营职能部门分摊比例 _____%）"：根据相关行次计算结果填报，第 19 行 = 第 15 行 × 全部分支机构分摊比例 × 总机构具有主体生产经营职能部门分摊比例。其中：跨省（自治区、直辖市和计划单列市）经营的汇总纳税企业"全部分支机构分摊比例"填报 50%，同一省（自治区、直辖市、计划单列市）内跨地区经营汇总纳税企业"分支机构分摊比例"按照各省（自治区、直辖市和计划单列市）确定的分支机构分摊比例填报；"总机构具有主体生产经营部门分摊比例"按照设立的具有主体生产经营职能的部门在参与税款分摊的全部分支机构中的分摊比例填报。

5. 第 20 行"分支机构本期分摊比例"：跨地区经营汇总纳税企业分支机构填报其总机构出具的本期《企业所得税汇总纳税分支机构所得税分配表》"分配比例"列次中列示的本分支机构的分配比例。

6. 第 21 行"分支机构本期分摊应补（退）所得税额"：跨地区经营汇总纳税企业分支机构填报其总机构出具的本期《企业所得税汇总纳税分支机构所得税分配表》"分配所得税额"列次中列示的本分支机构应分摊的所得税额。

四、附报信息

企业类型选择"跨地区经营汇总纳税企业分支机构"的，不填报"附报信息"所有项目。

（一）小型微利企业

本栏次为必报项目，按照以下规则选择：

1. 以前年度成立企业

上一纳税年度汇算清缴符合小型微利企业条件，且本期本表第 9 行"实际利润额／按照上一纳税年度应纳税所得额平均额确定的应纳税所得额"填报的金额符合小型微利企业应纳税所得额条件的纳税人，选择"是"。

上一纳税年度汇算清缴符合小型微利企业条件，但本期本表第 9 行"实际利润额／按照上一纳税年度应纳税所得额平均额确定的应纳税所得额"填报的金额不符合小型微利企业应纳税所得额条件的纳税人，选择"否"。

上一纳税年度汇算清缴不符合小型微利企业条件，但预计本年度资产总额、从业人数、从事行业符合小型微利企业条件且本期本表第 9 行"实际利润额／按照上一纳税年度应纳税所得额平均额确定的应纳税所得额"填报的金额符合小型微利企业应纳税所得额条件的纳税人，选择"是"。

上一纳税年度汇算清缴不符合小型微利企业条件，预计本年度资产总额、从业人数、从事行业不符合小型微利企业条件或者本期本表第 9 行"实际利润额／按照上一纳税年度应纳税所得额平均额确定的应纳税所得额"填报的金额不符合小型微利企业应纳税所得额条件的纳税人，选择"否"。

2. 本年度成立企业

本年度新成立企业，预计本年度资产总额、从业人数、从事行业符合小型微利企业条件且本期本表第9行"实际利润额/按照上一纳税年度应纳税所得额平均额确定的应纳税所得额"填报的金额符合小型微利企业应纳税所得额条件的纳税人，选择"是"。

本年度新成立企业，预计本年度资产总额、从业人数、从事行业不符合小型微利企业条件或者本期本表第9行"实际利润额/按照上一纳税年度应纳税所得额平均额确定的应纳税所得额"填报的金额不符合小型微利企业应纳税所得额条件的纳税人，选择"否"。

3. 以前年度成立企业在本年度第一季度预缴企业所得税时，如未完成上一纳税年度汇算清缴，无法判断上一纳税年度是否符合小型微利企业条件的，可暂按照上一纳税年度第四季度的预缴企业所得税情况判别

（二）科技型中小企业

本栏次为必报项目。

符合条件的纳税人可以按照《科技型中小企业评价办法》进行自主评价，并按照自愿原则到"全国科技型中小企业信息服务平台"填报企业信息，经公示无异议后纳入"全国科技型中小企业信息库"。凡是取得本年"科技型中小企业入库登记编号"且编号有效的纳税人，选择"是"；未取得本年"科技型中小企业入库登记编号"或者已取得本年"科技型中小企业入库登记编号"但被科技管理部门撤销登记编号的纳税人，选择"否"。

（三）高新技术企业

本栏次为必报项目。

根据《高新技术企业认定管理办法》《高新技术企业认定管理工作指引》等文件规定，符合条件的纳税人履行相关认定程序后取得"高新技术企业证书"。凡是取得"高新技术企业证书"且在有效期内的纳税人，选择"是"；未取得"高新技术企业证书"或者"高新技术企业证书"不在有效期内的纳税人，选择"否"。

（四）技术入股递延纳税事项

本栏次为必报项目。

根据《财政部 国家税务总局关于完善股权激励和技术入股有关所得税政策的通知》（财税〔2016〕101号）文件规定，企业以技术成果投资入股到境内居民企业，被投资企业支付的对价全部为股票（权）的，企业可以选择适用递延纳税优惠政策。本年内发生以技术成果投资入股且选择适用递延纳税优惠政策的

纳税人，选择"是"；本年内未发生以技术成果投资入股或者以技术成果投资入股但选择继续按现行有关税收政策执行的纳税人，选择"否"。

（五）期末从业人数

本栏次为必报项目。

纳税人填报税款所属期期末从业人员的数量。从业人数是指与企业建立劳动关系的职工人数和企业接受的劳务派遣用工人数之和。汇总纳税企业总机构填报包括分支机构在内的所有从业人数。

五、表内、表间关系

（一）表内关系

1. 预缴方式选择"按照实际利润额预缴"的纳税人，第 9 行 = 第 3 + 4 − 5 − 6 − 7 − 8 行。

2. 第 11 行 = 第 9 × 10 行。

3. 预缴方式选择"按照实际利润额预缴""按照上一纳税年度应纳税所得额平均额预缴"的纳税人，第 15 行 = 第 11 − 12 − 13 − 14 行。当第 11 − 12 − 13 − 14 行 < 0 时，第 15 行 = 0。

其中，企业所得税收入全额归属中央且按比例就地预缴企业的分支机构，以及在同一省、自治区、直辖市和计划单列市内的按比例就地预缴企业的分支机构，第 15 行 = 第 11 行 × 就地预缴比例 − 第 12 行 × 就地预缴比例 − 第 13 行 − 第 14 行。当第 15 行 = 第 11 行 × 就地预缴比例 − 第 12 行 × 就地预缴比例 − 第 13 行 − 第 14 行 < 0 时，第 15 行 = 0。

4. 第 16 行 = 第 17 + 18 + 19 行。

5. 第 17 行 = 第 15 行 × 总机构分摊比例。

6. 第 18 行 = 第 15 行 × 财政集中分配比例。

7. 第 19 行 = 第 15 行 × 全部分支机构分摊比例 × 总机构具有主体生产经营职能部门分摊比例。

（二）表间关系

1. 第 6 行 = 表 A201010 第 41 行。

2. 第 7 行 = 表 A201020 第 5 行第 5 列。

3. 第 12 行 = 表 A201030 第 30 行。

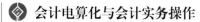

4. 第 15 行 = 表 A202000 "应纳所得税额"栏次填报的金额。

5. 第 17 行 = 表 A202000 "总机构分摊所得税额"栏次填报的金额。

6. 第 18 行 = 表 A202000 "总机构财政集中分配所得税额"栏次填报的金额。

7. 第 19 行 = 表 A202000 "分支机构情况"中对应总机构独立生产经营部门行次的"分配所得税额"列次填报的金额。

A201010《免税收入、减计收入、所得减免等优惠明细表》

行次	项 目	本年累计金额
1	一、免税收入（2+3+6+7+…+15）	
2	（一）国债利息收入免征企业所得税	
3	（二）符合条件的居民企业之间的股息、红利等权益性投资收益免征企业所得税	
4	其中：内地居民企业通过沪港通投资且连续持有 H 股满 12 个月取得的股息红利所得免征企业所得税	
5	内地居民企业通过深港通投资且连续持有 H 股满 12 个月取得的股息红利所得免征企业所得税	
6	（三）符合条件的非营利组织的收入免征企业所得税	
7	（四）符合条件的非营利组织（科技企业孵化器）的收入免征企业所得税	
8	（五）符合条件的非营利组织（国家大学科技园）的收入免征企业所得税	
9	（六）中国清洁发展机制基金取得的收入免征企业所得税	
10	（七）投资者从证券投资基金分配中取得的收入免征企业所得税	
11	（八）取得的地方政府债券利息收入免征企业所得税	
12	（九）中国保险保障基金有限责任公司取得的保险保障基金等收入免征企业所得税	
13	（十）中国奥委会取得北京冬奥组委支付的收入免征企业所得税	
14	（十一）中国残奥委会取得北京冬奥组委分期支付的收入免征企业所得税	
15	（十二）其他	
16	二、减计收入（17+18+22+23）	
17	（一）综合利用资源生产产品取得的收入在计算应纳税所得额时减计收入	
18	（二）金融、保险等机构取得的涉农利息、保费减计收入（19+20+21）	
19	1. 金融机构取得的涉农贷款利息收入在计算应纳税所得额时减计收入	

行次	项目	本年累计金额
20	2. 保险机构取得的涉农保费收入在计算应纳税所得额时减计收入	
21	3. 小额贷款公司取得的农户小额贷款利息收入在计算应纳税所得额时减计收入	
22	（三）取得铁路债券利息收入减半征收企业所得税	
23	（四）其他	
24	三、加计扣除（25 + 26 + 27 + 28）	*
25	（一）开发新技术、新产品、新工艺发生的研究开发费用加计扣除	*
26	（二）科技型中小企业开发新技术、新产品、新工艺发生的研究开发费用加计扣除	*
27	（三）企业为获得创新性、创意性、突破性的产品进行创意设计活动而发生的相关费用加计扣除	*
28	（四）安置残疾人员所支付的工资加计扣除	*
29	四、所得减免（30 + 33 + 34 + 35 + 36 + 37 + 38 + 39 + 40）	
30	（一）从事农、林、牧、渔业项目的所得减免征收企业所得税（31 + 32）	
31	1. 免税项目	
32	2. 减半征收项目	
33	（二）从事国家重点扶持的公共基础设施项目投资经营的所得定期减免企业所得税	
34	（三）从事符合条件的环境保护、节能节水项目的所得定期减免企业所得税	
35	（四）符合条件的技术转让所得减免征收企业所得税	
36	（五）实施清洁发展机制项目的所得定期减免企业所得税	
37	（六）符合条件的节能服务公司实施合同能源管理项目的所得定期减免企业所得税	
38	（七）线宽小于130纳米的集成电路生产项目的所得减免企业所得税	
39	（八）线宽小于65纳米或投资额超过150亿元的集成电路生产项目的所得减免企业所得税	
40	（九）其他	
41	合计（1 + 16 + 24 + 29）	

A201010《免税收入、减计收入、所得减免等优惠明细表》填报说明

本表为《中华人民共和国企业所得税月（季）度预缴纳税申报表（A 类）》（A200000）附表，适用于享受免税收入、减计收入、所得减免等税收优惠政策的实行查账征收企业所得税的居民企业纳税人填报。纳税人根据税收规定，填报本年发生的累计优惠情况。

一、有关项目填报说明

（一）总体说明

本表各行次填报的金额均为本年累计金额，即纳税人截至本税款所属期末，按照税收规定计算的免税收入、减计收入、所得减免等税收优惠政策的本年累计减免金额。

按照目前税收规定，加计扣除优惠政策汇算清缴时享受，第 24、25、26、27、28 行月（季）度预缴纳税申报时不填报。

当《中华人民共和国企业所得税月（季）度预缴纳税申报表（A 类）》（A200000）第 3 + 4 - 5 行减本表第 1 + 16 + 24 行大于零时，可以填报本表第 29~40 行。

（二）行次说明

1. 第 1 行"一、免税收入"：根据相关行次计算结果填报。本行 = 第 2 + 3 + 6 + 7 + … + 15 行。

2. 第 2 行"（一）国债利息收入免征企业所得税"：填报纳税人根据《国家税务总局关于企业国债投资业务企业所得税处理问题的公告》（国家税务总局公告 2011 年第 36 号）等相关税收政策规定的，持有国务院财政部门发行的国债取得的利息收入。

3. 第 3 行"（二）符合条件的居民企业之间的股息、红利等权益性投资收益免征企业所得税"：填报发生的符合条件的居民企业之间的股息、红利等权益性投资收益情况，不包括连续持有居民企业公开发行并上市流通的股票不足 12 个月取得的投资收益。

本行包括内地居民企业通过沪港通投资且连续持有 H 股满 12 个月取得的股

息红利所得、内地居民企业通过深港通投资且连续持有 H 股满 12 个月取得的股息红利所得的情况。

4. 第 4 行"内地居民企业通过沪港通投资且连续持有 H 股满 12 个月取得的股息红利所得免征企业所得税"：填报根据《财政部　国家税务总局　证监会关于沪港股票市场交易互联互通机制试点有关税收政策的通知》（财税〔2014〕81 号）等相关税收政策规定的，内地居民企业通过沪港通投资且连续持有 H 股满 12 个月取得的股息红利所得。

5. 第 5 行"内地居民企业通过深港通投资且连续持有 H 股满 12 个月取得的股息红利所得免征企业所得税"：填报根据《财政部　国家税务总局　证监会关于深港股票市场交易互联互通机制试点有关税收政策的通知》（财税〔2016〕127 号）等相关税收政策规定的，内地居民企业通过深港通投资且连续持有 H 股满 12 个月取得的股息红利所得。

6. 第 6 行"（三）符合条件的非营利组织的收入免征企业所得税"：填报根据《财政部　国家税务总局关于非营利组织企业所得税免税收入问题的通知》（财税〔2009〕122 号）、《财政部　国家税务总局关于非营利组织免税资格认定管理有关问题的通知》（财税〔2018〕13 号）等相关税收政策规定的，同时符合条件并依法履行登记手续的非营利组织，取得的捐赠收入等免税收入，但不包括从事营利性活动所取得的收入。符合条件的非营利组织（科技企业孵化器）的收入免征企业所得税、符合条件的非营利组织（国家大学科技园）的收入免征企业所得税的情况不在本行填报。

7. 第 7 行"（四）符合条件的非营利组织（科技企业孵化器）的收入免征企业所得税"：填报根据《财政部　国家税务总局关于非营利组织企业所得税免税收入问题的通知》（财税〔2009〕122 号）、《财政部　国家税务总局关于科技企业孵化器税收政策的通知》（财税〔2016〕89 号）、《财政部　国家税务总局关于非营利组织免税资格认定管理有关问题的通知》（财税〔2018〕13 号）等相关税收政策规定的，符合非营利组织条件的科技企业孵化器的收入。

8. 第 8 行"（五）符合条件的非营利组织（国家大学科技园）的收入免征企业所得税"：填报根据《财政部　国家税务总局关于非营利组织企业所得税免税收入问题的通知》（财税〔2009〕122 号）、《财政部　国家税务总局关于国家大学科技园税收政策的通知》（财税〔2016〕98 号）、《财政部　国家税务总局关于非营利组织免税资格认定管理有关问题的通知》（财税〔2018〕13 号）等相关税收政策规定的，符合非营利组织条件的国家大学科技园的收入。

9. 第 9 行"（六）中国清洁发展机制基金取得的收入免征企业所得税"：填报根据《财政部　国家税务总局关于中国清洁发展机制基金及清洁发展机制项目

实施企业有关企业所得税政策问题的通知》（财税〔2009〕30号）等相关税收政策规定的，中国清洁发展机制基金取得的CDM项目温室气体减排量转让收入上缴国家的部分，国际金融组织赠款收入，基金资金的存款利息收入、购买国债的利息收入，国内外机构、组织和个人的捐赠收入。

10. 第10行"（七）投资者从证券投资基金分配中取得的收入免征企业所得税"：填报根据《财政部　国家税务总局关于企业所得税若干优惠政策的通知》（财税〔2008〕1号）第二条第（二）项等相关税收政策规定的，投资者从证券投资基金分配中取得的收入。

11. 第11行"（八）取得的地方政府债券利息收入免征企业所得税"：填报纳税人根据《财政部　国家税务总局关于地方政府债券利息所得免征所得税问题的通知》（财税〔2011〕76号）、《财政部　国家税务总局关于地方政府债券利息免征所得税问题的通知》（财税〔2013〕5号）等相关税收政策规定的，取得的2009年、2010年和2011年发行的地方政府债券利息所得，2012年及以后年度发行的地方政府债券利息收入。

12. 第12行"（九）中国保险保障基金有限责任公司取得的保险保障基金等收入免征企业所得税"：填报中国保险保障基金有限责任公司按照《财政部　国家税务总局关于保险保障基金有关税收政策问题的通知》（财税〔2018〕41号）等税收政策规定，根据《保险保障基金管理办法》取得的境内保险公司依法缴纳的保险保障基金；依法从撤销或破产保险公司清算财产中获得的受偿收入和向有关责任方追偿所得，以及依法从保险公司风险处置中获得的财产转让所得，接受捐赠所得，银行存款利息收入，购买政府债券、中央银行、中央企业和中央级金融机构发行债券的利息收入，国务院批准的其他资金运用取得的收入。

13. 第13行"（十）中国奥委会取得北京冬奥组委支付的收入免征企业所得税"：填报按照《财政部　国家税务总局　海关总署关于北京2022年冬奥会和冬残奥会税收政策的通知》（财税〔2017〕60号）等相关税收政策规定的，对按中国奥委会、主办城市签订的《联合市场开发计划协议》和中国奥委会、主办城市、国际奥委会签订的《主办城市合同》规定，中国奥委会取得的由北京冬奥组委分期支付的收入、按比例支付的盈余分成收入。

14. 第14行"（十一）中国残奥委会取得北京冬奥组委分期支付的收入免征企业所得税"：填报按照《财政部　国家税务总局　海关总署关于北京2022年冬奥会和冬残奥会税收政策的通知》（财税〔2017〕60号）等相关税收政策规定的，中国残奥委会根据《联合市场开发计划协议》取得的由北京冬奥组委分期支付的收入。

15. 第15行"（十二）其他"：填报纳税人享受的本表未列明的其他免税收

入的税收优惠事项名称、减免税代码及免税收入金额。

16. 第 16 行 "二、减计收入": 根据相关行次计算结果填报。本行 = 第 17 + 18 + 22 + 23 行。

17. 第 17 行 "（一）综合利用资源生产产品取得的收入在计算应纳税所得额时减计收入": 填报纳税人综合利用资源生产产品取得的收入乘以 10% 的金额。

18. 第 18 行 "（二）金融、保险等机构取得的涉农利息、保费减计收入": 填报金融、保险等机构取得的涉农利息、保费收入减计收入的金额。本行填报第 19 + 20 + 21 行的合计金额。

19. 第 19 行 "1. 金融机构取得的涉农贷款利息收入在计算应纳税所得额时减计收入": 填报金融机构取得农户小额贷款利息收入乘以 10% 的金额。

20. 第 20 行 "2. 保险机构取得的涉农保费收入在计算应纳税所得额时减计收入": 填报保险公司为种植业、养殖业提供保险业务取得的保费收入乘以 10% 的金额。其中保费收入 = 原保费收入 + 分保费收入 − 分出保费收入。

21. 第 21 行 "3. 小额贷款公司取得的农户小额贷款利息收入在计算应纳税所得额时减计收入": 填报根据《财政部 国家税务总局关于小额贷款公司有关税收政策的通知》（财税〔2017〕48 号）等相关税收政策规定的，对经省级金融管理部门（金融办、局等）批准成立的小额贷款公司取得的农户小额贷款利息收入乘以 10% 的金额。

22. 第 22 行 "（三）取得铁路债券利息收入减半征收企业所得税": 填报根据《财政部 国家税务总局关于铁路建设债券利息收入企业所得税政策的通知》（财税〔2011〕99 号）、《财政部 国家税务总局关于 2014、2015 年铁路建设债券利息收入企业所得税政策的通知》（财税〔2014〕2 号）及《财政部 国家税务总局关于铁路债券利息收入所得税政策问题的通知》（财税〔2016〕30 号）等相关税收政策规定的，对企业持有铁路建设债券、铁路债券等企业债券取得的利息收入乘以 50% 的金额。

23. 第 23 行 "（四）其他": 填报纳税人享受的本表未列明的其他减计收入的税收优惠事项名称、减免税代码及减计收入金额。

24. 第 24 行 "三、加计扣除": 根据相关行次计算结果填报。本行 = 第 25 + 26 + 27 + 28 行。月（季）度预缴纳税申报时，纳税人不填报本行。

25. 第 25 行 "（一）开发新技术、新产品、新工艺发生的研究开发费用加计扣除": 填报纳税人享受研发费加计扣除政策按照 50% 加计扣除的金额。月（季）度预缴纳税申报时，纳税人不填报本行。

26. 第 26 行 "（二）科技型中小企业开发新技术、新产品、新工艺发生的研究开发费用加计扣除": 填报科技型中小企业享受研发费加计扣除政策按照 75%

加计扣除的金额。月（季）度预缴纳税申报时，纳税人不填报本行。

27. 第27行"（三）企业为获得创新性、创意性、突破性的产品进行创意设计活动而发生的相关费用加计扣除"：填报纳税人根据《财政部　国家税务总局　科技部关于完善研究开发费用税前加计扣除政策的通知》（财税〔2015〕119号）第二条第四项规定，为获得创新性、创意性、突破性的产品进行创意设计活动而发生的相关费用按照规定进行税前加计扣除的金额。月（季）度预缴纳税申报时，纳税人不填报本行。

28. 第28行"（四）安置残疾人员所支付的工资加计扣除"：填报根据《财政部　国家税务总局关于安置残疾人员就业有关企业所得税优惠政策问题的通知》（财税〔2009〕70号）等相关税收政策规定安置残疾人员的，在支付给残疾职工工资据实扣除的基础上，按照支付给残疾职工工资的100%加计扣除的金额。月（季）度预缴纳税申报时，纳税人不填报本行。

29. 第29行"四、所得减免"：

根据相关行次计算结果填报。本行 = 第30 + 33 + 34 + 35 + 36 + 37 + 38 + 39 + 40行，同时本行≤表A200000第3 + 4 - 5行 - 本表第1 + 16 + 24行且本行≥0。

30. 第30行"（一）从事农、林、牧、渔业项目的所得减免征收企业所得税"：填报根据税收规定，从事农、林、牧、渔业项目发生的减征、免征企业所得税项目的所得额。本行 = 第31 + 32行。

31. 第31行"免税项目"：填报根据税收规定，从事农、林、牧、渔业项目发生的免征企业所得税项目的所得额。免征企业所得税项目主要有：蔬菜、谷物、薯类、油料、豆类、棉花、麻类、糖料、水果、坚果的种植；农作物新品种的选育；中药材的种植；林木的培育和种植；牲畜、家禽的饲养；林产品的采集；灌溉、农产品初加工、兽医、农技推广、农机作业和维修等农、林、牧、渔服务业项目；远洋捕捞等。

当项目所得≤0时，本行不填列。纳税人有多个项目的，按前述规则分别确定各项目的金额后，将合计金额填入本行。

32. 第32行"减半征收项目"：填报根据税收规定，从事农、林、牧、渔业项目发生的减半征收企业所得税项目所得额的减半额。减半征收企业所得税项目主要有：花卉、茶以及其他饮料作物和香料作物的种植；海水养殖、内陆养殖等。

本行 = 减半征收企业所得税项目的所得额×50%。当项目所得≤0时，本行不填列。纳税人有多个项目的，按前述规则分别确定各项目的金额后，将合计金额填入本行。

33. 第33行"（二）从事国家重点扶持的公共基础设施项目投资经营的所得

定期减免企业所得税"：根据《财政部　国家税务总局关于执行公共基础设施项目企业所得税优惠目录有关问题的通知》（财税〔2008〕46号）、《财政部　国家税务总局　国家发展改革委关于公布公共基础设施项目企业所得税优惠目录（2008年版）的通知》（财税〔2008〕116号）、《国家税务总局关于实施国家重点扶持的公共基础设施项目企业所得税优惠问题的通知》（国税发〔2009〕80号）、《财政部　国家税务总局关于公共基础设施项目和环境保护节能节水项目企业所得税优惠政策问题的通知》（财税〔2012〕10号）、《财政部　国家税务总局关于继续实行农村饮水安全工程建设运营税收优惠政策的通知》（财税〔2016〕19号）、《国家税务总局关于电网企业电网新建项目享受所得税优惠政策问题的公告》（国家税务总局公告2013年第26号）、《财政部　国家税务总局关于公共基础设施项目享受企业所得税优惠政策问题的补充通知》（财税〔2014〕55号）等相关税收政策规定，从事《公共基础设施项目企业所得税优惠目录》规定的港口码头、机场、铁路、公路、城市公共交通、电力、水利等项目的投资经营的所得，自项目取得第一笔生产经营收入所属纳税年度起，第一年至第三年免征企业所得税，第四年至第六年减半征收企业所得税。不包括企业承包经营、承包建设和内部自建自用该项目的所得。

　　免税期间，本行填报从事基础设施项目的所得额；减半征税期间，本行填报从事基础设施项目的所得额×50%的金额。当项目所得≤0时，本行不填列。纳税人有多个项目的，按前述规则分别确定各项目的金额后，将合计金额填入本行。

　　34.第34行"（三）从事符合条件的环境保护、节能节水项目的所得定期减免企业所得税"：根据《财政部　国家税务总局　国家发展改革委关于公布环境保护节能节水项目企业所得税优惠目录（试行）的通知》（财税〔2009〕166号）、《财政部　国家税务总局关于公共基础设施项目和环境保护节能节水项目企业所得税优惠政策问题的通知》（财税〔2012〕10号）、《财政部　国家税务总局　国家发展改革委关于垃圾填埋沼气发电列入〈环境保护、节能节水项目企业所得税优惠目录（试行）〉的通知》（财税〔2016〕131号）等相关税收政策规定，从事符合条件的公共污水处理、公共垃圾处理、沼气综合开发利用、节能减排技术改造、海水淡化等环境保护、节能节水项目的所得，自项目取得第一笔生产经营收入所属纳税年度起，第一年至第三年免征企业所得税，第四年至第六年减半征收企业所得税。

　　免税期间，填报项目所得额；减半征税期间，填报项目所得额×50%的金额。当项目所得≤0时，本行不填列。纳税人有多个项目的，按前述规则分别确定各项目的金额后，将合计金额填入本行。

35. 第 35 行 "（四）符合条件的技术转让所得减免征收企业所得税"：根据《国家税务总局关于技术转让所得减免企业所得税有关问题的通知》（国税函〔2009〕212 号）、《财政部　国家税务总局关于居民企业技术转让有关企业所得税政策问题的通知》（财税〔2010〕111 号）、《国家税务总局关于技术转让所得减免企业所得税有关问题的公告》（国家税务总局公告 2013 年第 62 号）、《财政部　国家税务总局关于将国家自主创新示范区有关税收试点政策推广到全国范围实施的通知》（财税〔2015〕116 号）、《国家税务总局关于许可使用权技术转让所得企业所得税有关问题的公告》（国家税务总局公告 2015 年第 82 号）等相关税收政策规定，一个纳税年度内，居民企业将其拥有的专利技术、计算机软件著作权、集成电路布图设计权、植物新品种、生物医药新品种，以及财政部和国家税务总局确定的其他技术的所有权或 5 年以上（含 5 年）全球独占许可使用权、5 年以上（含 5 年）非独占许可使用权转让取得的所得，不超过 500 万元的部分，免征企业所得税；超过 500 万元的部分，减半征收企业所得税。居民企业从直接或间接持有股权之和达到 100% 的关联方取得的技术转让所得，不享受技术转让减免企业所得税优惠政策。

转让所得不超过 500 万元且大于零的，本行 = 转让所得；转让所得超过 500 万元的，本行 = 500 万元 +（转让所得 − 500 万元）× 50%。

36. 第 36 行 "（五）实施清洁发展机制项目的所得定期减免企业所得税"：根据《财政部　国家税务总局关于中国清洁发展机制基金及清洁发展机制项目实施企业有关企业所得税政策问题的通知》（财税〔2009〕30 号）等相关税收政策规定，对企业实施的将温室气体减排量转让收入的 65% 上缴给国家的 HFC 和 PFC 类 CDM 项目，以及将温室气体减排量转让收入的 30% 上缴给国家的 N20 类 CDM 项目，其实施该类 CDM 项目的所得，自项目取得第一笔减排量转让收入所属纳税年度起，第一年至第三年免征企业所得税，第四年至第六年减半征收企业所得税。

免税期间，本行填报项目所得额；减半征税期间，本行填报项目所得额 × 50% 的金额。当项目所得 ≤ 0 时，本行不填列。纳税人有多个项目的，按照前述规则分别确定各项目的金额后，将合计金额填入本行。

37. 第 37 行 "（六）符合条件的节能服务公司实施合同能源管理项目的所得定期减免企业所得税"：根据《财政部　国家税务总局关于促进节能服务产业发展增值税营业税和企业所得税政策问题的通知》（财税〔2010〕110 号）、《国家税务总局　国家发展改革委关于落实节能服务企业合同能源管理项目企业所得税优惠政策有关征收管理问题的公告》（国家税务总局　国家发展改革委员会公告 2013 年第 77 号）等相关税收政策规定，对符合条件的节能服务公司实施合同能源管理项目，符合企业所得税法有关规定的，自项目取得第一笔生产经营收入所属纳税年度起，第一年至第三年免征企业所得税，第四年至第六年按照25%的法定税率减半征收企业所得税。

免税期间，本行填报项目所得额；减半征税期间，本行填报项目所得额×50%的金额。当项目所得≤0时，本行不填列。纳税人有多个项目的，按照前述规则分别确定各项目的金额后，将合计金额填入本行。

38. 第38行"（七）线宽小于130纳米的集成电路生产项目的所得减免企业所得税"：根据《财政部　国家税务总局　国家发展改革委员会　工业和信息化部关于软件和集成电路产业企业所得税优惠政策有关问题的通知》（财税〔2016〕49号）、《财政部　国家税务总局　国家发展改革委员会　工业和信息化部关于集成电路生产企业有关企业所得税政策问题的通知》（财税〔2018〕27号）等相关税收政策规定，2018年1月1日后投资新设的集成电路线宽小于130纳米，且经营期在10年以上的集成电路生产项目，自项目取得第一笔生产经营收入所属纳税年度起第一年至第二年免征企业所得税，第三年至第五年按照25%的法定税率减半征收企业所得税。

免税期间，本行填报项目所得额；减半征税期间，本行填报项目所得额×50%的金额。当项目所得≤0时，本行不填列。纳税人有多个项目的，按照前述规则分别确定各项目的金额后，将合计金额填入本行。

39. 第39行"（八）线宽小于65纳米或投资额超过150亿元的集成电路生产项目的所得减免企业所得税"：根据《财政部　国家税务总局　国家发展改革委员会　工业和信息化部关于软件和集成电路产业企业所得税优惠政策有关问题的通知》（财税〔2016〕49号）、《财政部　国家税务总局　国家发展改革委　工业和信息化部关于集成电路生产企业有关企业所得税政策问题的通知》（财税〔2018〕27号）等相关税收政策规定，2018年1月1日后投资新设的集成电路线宽小于65纳米或投资额超过150亿元，且经营期在15年以上的集成电路生产项目，自项目取得第一笔生产经营收入所属纳税年度起第一年至第五年免征企业所得税，第六年至第十年按照25%的法定税率减半征收企业所得税。

免税期间，本行填报项目所得额；减半征税期间，本行填报项目所得额×50%的金额。当项目所得≤0时，本行不填列。纳税人有多个项目的，按照前述规则分别确定各项目的金额后，将合计金额填入本行。

40. 第40行"（九）其他"：填报纳税人享受的本表未列明的其他所得减免的税收优惠事项名称、减免税代码及项目减免的所得额。

当项目所得≤0时，本行不填列。纳税人有多个项目的，分别确定各项目减免的所得额后，将合计金额填入本行。

41. 第41行"合计"：根据相关行次计算结果填报。本行 = 第 1 + 16 + 24 + 29 行。

二、表内、表间关系

（一）表内关系

1. 第 1 行 = 第 2 + 3 + 6 + 7 + … + 15 行。

2. 第 16 行 = 第 17 + 18 + 22 + 23 行。

3. 第 18 行 = 第 19 + 20 + 21 行。

4. 第 24 行 = 第 25 + 26 + 27 + 28 行。

5. 第 29 行 = 第 30 + 33 + 34 + 35 + 36 + 37 + 38 + 39 + 40 行。

（1）当表 A200000 第 3 + 4 - 5 行 - 本表第 1 + 16 + 24 行 > 0 时，本行 ≤ 表 A200000 第 3 + 4 - 5 行 - 本表第 1 + 16 + 24 行。

（2）当表 A200000 第 3 + 4 - 5 行 - 本表第 1 + 16 + 24 行 ≤ 0 时，本行 = 0。

6. 第 30 行 = 第 31 + 32 行。

7. 第 41 行 = 第 1 + 16 + 24 + 29 行。

（二）表间关系

第 41 行 = 表 A200000 第 6 行。

A201020《固定资产加速折旧（扣除）优惠明细表》

行次	项　目	资产原值	本年累计折旧（扣除）金额				
			账载折旧金额	按照税收一般规定计算的折旧金额	享受加速折旧优惠计算的折旧金额	纳税调减金额	享受加速折旧优惠金额
		1	2	3	4	5	6 (4 - 3)
1	一、固定资产加速折旧（不含一次性扣除，2 + 3）						
2	重要行业固定资产加速折旧						
3	其他行业研发设备加速折旧						
4	二、固定资产一次性扣除						
5	合计（1 + 4）						

A201020《固定资产加速折旧（扣除）优惠明细表》填报说明

一、适用范围及总体说明

（一）适用范围

本表为《中华人民共和国企业所得税月（季）度预缴纳税申报表（A 类）》（A200000）附表，适用于按照《财政部　国家税务总局关于完善固定资产加速折旧税收政策有关问题的通知》（财税〔2014〕75 号）、《财政部　国家税务总局关于进一步完善固定资产加速折旧企业所得税政策的通知》（财税〔2015〕106 号）、《财政部　国家税务总局关于设备器具扣除有关企业所得税政策的通知》（财税〔2018〕54 号）等相关文件规定，享受固定资产加速折旧和一次性扣除优惠政策的纳税人填报。

按照目前税收规定，《国家税务总局关于企业固定资产加速折旧所得税处理有关问题的通知》（国税发〔2009〕81 号）、《财政部　国家税务总局关于进一步鼓励软件产业和集成电路产业发展企业所得税政策的通知》（财税〔2012〕27 号）文件规定的固定资产加速折旧优惠政策月（季）度预缴纳税申报时不填报本表。

（二）总体说明

1. 本表主要目的

（1）落实税收优惠政策。本年度内享受财税〔2014〕75 号、财税〔2015〕106 号、财税〔2018〕54 号等相关文件规定的固定资产加速折旧和一次性扣除优惠政策的纳税人，在月（季）度预缴纳税申报时对其相应固定资产的折旧金额进行单向纳税调整，以调减其应纳税所得额。

（2）实施减免税核算。对本年度内享受财税〔2014〕75 号、财税〔2015〕106 号、财税〔2018〕54 号等相关文件规定的固定资产加速折旧和一次性扣除优惠政策的纳税人，核算其减免税情况。

2. 填报原则

纳税人享受财税〔2014〕75 号、财税〔2015〕106 号、财税〔2018〕54 号

等相关文件规定固定资产优惠政策的，应按以下原则填报：

（1）自该固定资产开始计提折旧起，在"税收折旧"大于"一般折旧"的折旧期间内，必须填报本表。

税收折旧是指纳税人享受财税〔2014〕75号、财税〔2015〕106号、财税〔2018〕54号等相关文件规定优惠政策的固定资产，采取税收加速折旧或一次性扣除方式计算的税收折旧额；一般折旧是指该资产按照税收一般规定计算的折旧金额，即该资产在不享受加速折旧情况下，按照税收规定的最低折旧年限以直线法计算的折旧金额。

固定资产税收折旧与会计折旧一致的，纳税人不涉及纳税调整事项，但是涉及减免税核算事项，在月（季）度预缴纳税申报时，需计算享受加速折旧优惠金额并将有关情况填报本表。

固定资产税收折旧与会计折旧不一致的，当固定资产会计折旧金额大于税收折旧金额时，在月（季）度预缴纳税申报时不进行纳税调增（相关事项在汇算清缴时一并调整），但需计算享受加速折旧优惠金额并将有关情况填报本表；当固定资产会计折旧金额小于税收折旧金额时，在月（季）度预缴纳税申报时进行纳税调减，同时需计算享受加速折旧优惠金额并将有关情况填报本表。

（2）自固定资产开始计提折旧起，在"税收折旧"小于等于"一般折旧"的折旧期内，不填报本表。

固定资产本年先后出现"税收折旧大于一般折旧"和"税收折旧小于等于一般折旧"两种情形的，在"税收折旧小于等于一般折旧"折旧期内，仍需根据该固定资产"税收折旧大于一般折旧"的折旧期内最后一期折旧的有关情况填报本表，直至本年最后一次月（季）度预缴纳税申报。

（3）本表第5列仅填报纳税调减金额，不得填报负数。

（4）以前年度开始享受加速折旧政策的，若该固定资产本年符合第（1）条原则，应继续填报本表。

二、有关项目填报说明

（一）行次填报

1. 第1行"一、固定资产加速折旧（不含一次性扣除）"：根据相关行次计算结果填报，本行＝第2+3行。

2. 第2行"（一）重要行业固定资产加速折旧"：生物药品制造业，专用设备制造业，铁路、船舶、航空航天和其他运输设备制造业，计算机、通信和其他电子设备制造业，仪器仪表制造业，信息传输、软件和信息技术服务业 6 个行业以及轻工、纺织、机械、汽车四大领域重点行业（以下简称重要行业）的纳税人按照财税〔2014〕75 号、财税〔2015〕106 号等相关文件规定对于新购进固定资产在税收上采取加速折旧的，结合会计折旧情况，在本行填报月（季）度预缴纳税申报时的纳税调减、加速折旧优惠统计等本年累计金额。

重要行业纳税人按照财税〔2014〕75 号、财税〔2015〕106 号等相关文件规定，享受一次性扣除政策的资产的有关情况，不在本行填报。

3. 第 3 行"（二）其他行业研发设备加速折旧"：重要行业以外的其他纳税人按照财税〔2014〕75 号、财税〔2015〕106 号等相关文件规定，对于单位价值超过 100 万元的专用研发设备采取缩短折旧年限或加速折旧方法的，在本行填报月（季）度预缴纳税申报时相关固定资产的纳税调减、加速折旧优惠统计等情况的本年累计金额。

4. 第 4 行"二、固定资产一次性扣除"：纳税人按照财税〔2014〕75 号、财税〔2015〕106 号、财税〔2018〕54 号等相关文件规定对符合条件的固定资产进行一次性扣除的，在本行填报月（季）度预缴纳税申报时相关固定资产的纳税调减、加速折旧优惠统计等情况的本年累计金额。

5. 第 5 行"合计"：根据相关行次计算结果填报。本行 = 第 1 + 4 行。

（二）列次填报

列次填报时间口径：纳税人享受财税〔2014〕75 号、财税〔2015〕106 号、财税〔2018〕54 号等相关文件规定优惠政策的固定资产，仅填报采取税收加速折旧计算的税收折旧额大于按照税法一般规定计算的折旧金额期间的金额；税收折旧小于一般折旧期间的金额不再填报本表。同时，保留本年税收折旧大于一般折旧期间最后一个折旧期的金额继续填报，直至本年度最后一期月（季）度预缴纳税申报。

1. 第 1 列"资产原值"

填报纳税人按照财税〔2014〕75 号、财税〔2015〕106 号、财税〔2018〕54 号等相关文件规定享受固定资产加速折旧和一次性扣除优惠政策的固定资产，会计处理计提折旧的资产原值（或历史成本）的金额。

2. 第 2 列"账载折旧金额"

填报纳税人按照财税〔2014〕75 号、财税〔2015〕106 号、财税〔2018〕54 号等相关文件规定享受固定资产加速折旧和一次性扣除优惠政策的固定资产，会计核算的本年资产折旧额。

3. 第 3 列 "按照税收一般规定计算的折旧金额"

填报纳税人按照财税〔2014〕75 号、财税〔2015〕106 号、财税〔2018〕54 号等相关文件规定享受固定资产加速折旧和一次性扣除优惠政策的固定资产，按照税收一般规定计算的允许税前扣除的本年资产折旧额。

所有享受上述优惠的资产都须计算填报一般折旧额，包括税会处理不一致的资产。

4. 第 4 列 "享受加速折旧优惠计算的折旧金额"

填报纳税人按照财税〔2014〕75 号、财税〔2015〕106 号、财税〔2018〕54 号等相关文件规定享受固定资产加速折旧和一次性扣除优惠政策的固定资产，按照税收规定的加速折旧方法计算的本年资产折旧额。

5. 第 5 列 "纳税调减金额"

纳税人按照财税〔2014〕75 号、财税〔2015〕106 号、财税〔2018〕54 号等相关文件规定享受固定资产加速折旧和一次性扣除优惠政策的固定资产，在列次填报时间口径规定的期间内，根据会计折旧金额与税收加速折旧金额填报：

当会计折旧金额小于等于税收折旧金额时，该项资产的 "纳税调减金额" = "享受加速折旧优惠计算的折旧金额" – "账载折旧金额"。

当会计折旧金额大于税收折旧金额时，该项资产 "纳税调减金额" 按 0 填报。

6. 第 6 列 "享受加速折旧优惠金额"：根据相关列次计算结果填报。本列 = 第 4 – 3 列

三、表内、表间关系

（一）表内关系

1. 第 1 行 = 第 2 + 3 行。
2. 第 5 行 = 第 1 + 4 行。
3. 第 6 列 = 第 4 – 3 列。

（二）表间关系

第 5 行第 5 列 = 表 A200000 第 7 行。

A201030《减免所得税优惠明细表》

行次	项　目	本年累计金额
1	一、符合条件的小型微利企业减免企业所得税	
2	二、国家需要重点扶持的高新技术企业减按15%的税率征收企业所得税	
3	三、经济特区和上海浦东新区新设立的高新技术企业在区内取得的所得定期减免企业所得税	
4	四、受灾地区农村信用社免征企业所得税	
5	五、动漫企业自主开发、生产动漫产品定期减免企业所得税	
6	六、线宽小于0.8微米（含）的集成电路生产企业减免企业所得税	
7	七、线宽小于0.25微米的集成电路生产企业减按15%税率征收企业所得税	
8	八、投资额超过80亿元的集成电路生产企业减按15%税率征收企业所得税	
9	九、线宽小于0.25微米的集成电路生产企业减免企业所得税	
10	十、投资额超过80亿元的集成电路生产企业减免企业所得税	
11	十一、线宽小于130纳米的集成电路生产企业减免企业所得税	
12	十二、线宽小于65纳米或投资额超过150亿元的集成电路生产企业减免企业所得税	
13	十三、新办集成电路设计企业减免企业所得税	
14	十四、国家规划布局内集成电路设计企业可减按10%的税率征收企业所得税	
15	十五、符合条件的软件企业减免企业所得税	
16	十六、国家规划布局内重点软件企业可减按10%的税率征收企业所得税	
17	十七、符合条件的集成电路封装、测试企业定期减免企业所得税	
18	十八、符合条件的集成电路关键专用材料生产企业、集成电路专用设备生产企业定期减免企业所得税	
19	十九、经营性文化事业单位转制为企业的免征企业所得税	
20	二十、符合条件的生产和装配伤残人员专门用品企业免征企业所得税	
21	二十一、技术先进型服务企业减按15%的税率征收企业所得税	
22	二十二、服务贸易类技术先进型服务企业减按15%的税率征收企业所得税	
23	二十三、设在西部地区的鼓励类产业企业减按15%的税率征收企业所得税	
24	二十四、新疆困难地区新办企业定期减免企业所得税	
25	二十五、新疆喀什、霍尔果斯特殊经济开发区新办企业定期免征企业所得税	
26	二十六、广东横琴、福建平潭、深圳前海等地区的鼓励类产业企业减按15%税率征收企业所得税	
27	二十七、北京冬奥组委、北京冬奥会测试赛事组委会免征企业所得税	
28	二十八、其他	
29	二十九、民族自治地方的自治机关对本民族自治地方的企业应缴纳的企业所得税中属于地方分享的部分减征或免征（□免征□减征：减征幅度＿＿＿＿％）	
30	合计（1+2+3+4+5+6+…+29）	

A201030《减免所得税优惠明细表》填报说明

本表为《中华人民共和国企业所得税月（季）度预缴纳税申报表（A类）》（A200000）附表，适用于享受减免所得税额优惠的实行查账征收企业所得税的居民企业纳税人填报。纳税人根据税收规定，填报本年发生的累计优惠情况。

一、有关项目填报说明

1. 第1行"一、符合条件的小型微利企业减免企业所得税"：根据相关税收政策规定的，从事国家非限制和禁止行业的企业，并符合应纳税所得额、从业人数、资产总额条件的，其所得减按50%计入应纳税所得额，按20%的税率缴纳企业所得税。本行填报本期《中华人民共和国企业所得税月（季）度预缴纳税申报表（A类）》（A200000）第9行×15%的金额。

2. 第2行"二、国家需要重点扶持的高新技术企业减按15%的税率征收企业所得税"：填报享受国家重点扶持的高新技术企业优惠的本年累计减免税额。

3. 第3行"三、经济特区和上海浦东新区新设立的高新技术企业在区内取得的所得定期减免企业所得税"：根据《国务院关于经济特区和上海浦东新区新设立高新技术企业实行过渡性税收优惠的通知》（国发〔2007〕40号）、《财政部　国家税务总局关于贯彻落实国务院关于实施企业所得税过渡优惠政策有关问题的通知》（财税〔2008〕21号）等规定，经济特区和上海浦东新区内，在2008年1月1日（含）之后完成登记注册的国家需要重点扶持的高新技术企业，在经济特区和上海浦东新区内取得的所得，自取得第一笔生产经营收入所属纳税年度起，第一年至第二年免征企业所得税，第三年至第五年按照25%法定税率减半征收企业所得税。本行填报免征、减征企业所得税的本年累计金额。

对于跨经济特区和上海浦东新区的高新技术企业，其区内所得优惠填写本行，区外所得优惠填报本表第2行。经济特区和上海浦东新区新设立的高新技术企业定期减免税期满后，只享受15%税率优惠的，填报本表第2行。

4. 第4行"四、受灾地区农村信用社免征企业所得税"：填报受灾地区农村信用社免征企业所得税的金额。鲁甸农村信用社按照《财政部　海关总署　国家税务总局关于支持鲁甸地震灾后恢复重建有关税收政策问题的通知》（财税〔2015〕27号）规定免征的所得税额，在本行填列。本行填报本期《中华人民共和国企业所得税月（季）度预缴纳税申报表（A类）》（A200000）第9行×25%的金额。

5. 第 5 行 "五、动漫企业自主开发、生产动漫产品定期减免企业所得税"：根据《财政部 国家税务总局关于扶持动漫产业发展有关税收政策问题的通知》（财税〔2009〕65 号）等规定，经认定的动漫企业自主开发、生产动漫产品，享受软件企业所得税优惠政策。即在 2017 年 12 月 31 日前自获利年度起，第一年至第二年免征所得税，第三年至第五年按照 25% 的法定税率减半征收所得税，并享受至期满为止。本行填报根据本期《中华人民共和国企业所得税月（季）度预缴纳税申报表（A 类）》（A200000）第 9 行计算的免征、减征企业所得税的本年累计金额。

6. 第 6 行 "六、线宽小于 0.8 微米（含）的集成电路生产企业减免企业所得税"：根据《财政部 国家税务总局关于进一步鼓励软件产业和集成电路产业发展企业所得税政策的通知》（财税〔2012〕27 号）、《财政部 国家税务总局 国家发展改革委 工业和信息化部关于软件和集成电路产业企业所得税优惠政策有关问题的通知》（财税〔2016〕49 号）、《财政部 国家税务总局 发展改革委 工业和信息化部关于集成电路生产企业有关企业所得税政策问题的通知》（财税〔2018〕27 号）等规定，2017 年 12 月 31 日前设立的线宽小于 0.8 微米（含）的集成电路生产企业，自获利年度起计算优惠期，第一年至第二年免征企业所得税，第三年至第五年按照 25% 的法定税率减半征收企业所得税，并享受至期满为止。本行填报根据本期《中华人民共和国企业所得税月（季）度预缴纳税申报表（A 类）》（A200000）第 9 行计算的免征、减征企业所得税的本年累计金额。

7. 第 7 行 "七、线宽小于 0.25 微米的集成电路生产企业减按 15% 税率征收企业所得税"：根据《财政部 国家税务总局关于进一步鼓励软件产业和集成电路产业发展企业所得税政策的通知》（财税〔2012〕27 号）、《财政部 国家税务总局 国家发展改革委 工业和信息化部关于软件和集成电路产业企业所得税优惠政策有关问题的通知》（财税〔2016〕49 号）等规定，线宽小于 0.25 微米的集成电路生产企业，享受 15% 税率。本行填报本期《中华人民共和国企业所得税月（季）度预缴纳税申报表（A 类）》（A200000）第 9 行 ×10% 的金额。

8. 第 8 行 "八、投资额超过 80 亿元的集成电路生产企业减按 15% 税率征收企业所得税"：根据《财政部 国家税务总局关于进一步鼓励软件产业和集成电路产业发展企业所得税政策的通知》（财税〔2012〕27 号）、《财政部 国家税务总局 国家发展改革委员会 工业和信息化部关于软件和集成电路产业企业所得税优惠政策有关问题的通知》（财税〔2016〕49 号）等规定，投资额超过 80 亿元的集成电路生产企业，享受 15% 税率。本行填报本期《中华人民共和国企业所得税月（季）度预缴纳税申报表（A 类）》（A200000）第 9 行 ×10% 的金额。

9. 第 9 行"九、线宽小于 0.25 微米的集成电路生产企业减免企业所得税"：根据《财政部　国家税务总局关于进一步鼓励软件产业和集成电路产业发展企业所得税政策的通知》（财税〔2012〕27 号）、《财政部　国家税务总局　国家发展改革委员会　工业和信息化部关于软件和集成电路产业企业所得税优惠政策有关问题的通知》（财税〔2016〕49 号）、《财政部　国家税务总局　国家发展改革委员会　工业和信息化部关于集成电路生产企业有关企业所得税政策问题的通知》（财税〔2018〕27 号）等规定，2017 年 12 月 31 日前设立的线宽小于 0.25 微米的集成电路生产企业，经营期在 15 年以上的，自获利年度起计算优惠期，第一年至第五年免征企业所得税，第六年至第十年按照 25% 的法定税率减半征收企业所得税，并享受至期满为止。本行填报根据本期《中华人民共和国企业所得税月（季）度预缴纳税申报表（A 类）》（A200000）第 9 行计算的免征、减征企业所得税的本年累计金额。

10. 第 10 行"十、投资额超过 80 亿元的集成电路生产企业减免企业所得税"：根据《财政部　国家税务总局关于进一步鼓励软件产业和集成电路产业发展企业所得税政策的通知》（财税〔2012〕27 号）、《财政部　国家税务总局　国家发展改革委员会　工业和信息化部关于软件和集成电路产业企业所得税优惠政策有关问题的通知》（财税〔2016〕49 号）、《财政部　国家税务总局　国家发展改革委员会　工业和信息化部关于集成电路生产企业有关企业所得税政策问题的通知》（财税〔2018〕27 号）等规定，2017 年 12 月 31 日前设立的投资额超过 80 亿元的集成电路生产企业，经营期在 15 年以上的，自获利年度起计算优惠期，第一年至第五年免征企业所得税，第六年至第十年按照 25% 的法定税率减半征收企业所得税，并享受至期满为止。本行填报根据本期《中华人民共和国企业所得税月（季）度预缴纳税申报表（A 类）》（A200000）第 9 行计算的免征、减征企业所得税的本年累计金额。

11. 第 11 行"十一、线宽小于 130 纳米的集成电路生产企业减免企业所得税"：根据《财政部　国家税务总局　国家发展改革委员会　工业和信息化部关于软件和集成电路产业企业所得税优惠政策有关问题的通知》（财税〔2016〕49 号）、《财政部　国家税务总局　国家发展改革委员会　工业和信息化部关于集成电路生产企业有关企业所得税政策问题的通知》（财税〔2018〕27 号）等规定，2018 年 1 月 1 日后投资新设的集成电路线宽小于 130 纳米，且经营期在 10 年以上的集成电路生产企业，自获利年度起第一年至第二年免征企业所得税，第三年至第五年按照 25% 的法定税率减半征收企业所得税，并享受至期满为止。本行填报根据本期《中华人民共和国企业所得税月（季）度预缴纳税申报表（A

类）》（A200000）第 9 行计算的免征、减征企业所得税的本年累计金额。

12. 第 12 行"十二、线宽小于 65 纳米或投资额超过 150 亿元的集成电路生产企业减免企业所得税"：根据《财政部 国家税务总局 国家发展改革委员会 工业和信息化部关于软件和集成电路产业企业所得税优惠政策有关问题的通知》（财税〔2016〕49 号）、《财政部 国家税务总局 国家发展改革委员会 工业和信息化部关于集成电路生产企业有关企业所得税政策问题的通知》（财税〔2018〕27 号）等规定，2018 年 1 月 1 日后投资新设的集成电路线宽小于 65 纳米或投资额超过 150 亿元，且经营期在 15 年以上的集成电路生产企业，自获利年度起第一年至第五年免征企业所得税，第六年至第十年按照 25% 的法定税率减半征收企业所得税，并享受至期满为止。本行填报根据本期《中华人民共和国企业所得税月（季）度预缴纳税申报表（A 类）》（A200000）第 9 行计算的免征、减征企业所得税的本年累计金额。

13. 第 13 行"十三、新办集成电路设计企业减免企业所得税"：根据《财政部 国家税务总局关于进一步鼓励软件产业和集成电路产业发展企业所得税政策的通知》（财税〔2012〕27 号）、《财政部 国家税务总局 国家发展改革委员会 工业和信息化部关于软件和集成电路产业企业所得税优惠政策有关问题的通知》（财税〔2016〕49 号）等规定，我国境内新办的集成电路设计企业，在 2017 年 12 月 31 日前自获利年度起计算优惠期，第一年至第二年免征企业所得税，第三年至第五年按照 25% 的法定税率减半征收企业所得税，并享受至期满为止。本行填报根据本期《中华人民共和国企业所得税月（季）度预缴纳税申报表（A 类）》（A200000）第 9 行计算的免征、减征企业所得税的本年累计金额。

14. 第 14 行"十四、国家规划布局内集成电路设计企业可减按 10% 的税率征收企业所得税"：根据《财政部 国家税务总局关于进一步鼓励软件产业和集成电路产业发展企业所得税政策的通知》（财税〔2012〕27 号）、《财政部 国家税务总局 国家发展改革委员会 工业和信息化部关于软件和集成电路产业企业所得税优惠政策有关问题的通知》（财税〔2016〕49 号）等规定，国家规划布局内的集成电路设计企业，如当年未享受免税优惠的，可减按 10% 税率征收企业所得税。本行填报本期《中华人民共和国企业所得税月（季）度预缴纳税申报表（A 类）》（A200000）第 9 行×15% 的金额。

15. 第 15 行"十五、符合条件的软件企业减免企业所得税"：根据《财政部 国家税务总局关于进一步鼓励软件产业和集成电路产业发展企业所得税政策的通知》（财税〔2012〕27 号）、《财政部 国家税务总局 国家发展改革委员会 工业和信息化部关于软件和集成电路产业企业所得税优惠政策有关问题的通知》（财税〔2016〕49 号）等规定，我国境内新办的符合条件的软件企业，在

2017 年 12 月 31 日前自获利年度起计算优惠期,第一年至第二年免征企业所得税,第三年至第五年按照 25% 的法定税率减半征收企业所得税,并享受至期满为止。本行填报根据本期《中华人民共和国企业所得税月(季)度预缴纳税申报表(A 类)》(A200000)第 9 行计算的免征、减征企业所得税的本年累计金额。

16. 第 16 行"十六、国家规划布局内重点软件企业可减按 10% 的税率征收企业所得税":根据《财政部 国家税务总局关于进一步鼓励软件产业和集成电路产业发展企业所得税政策的通知》(财税〔2012〕27 号)、《财政部 国家税务总局 国家发展改革委员会 工业和信息化部关于软件和集成电路产业企业所得税优惠政策有关问题的通知》(财税〔2016〕49 号)等规定,国家规划布局内的重点软件企业,如当年未享受免税优惠的,可减按 10% 税率征收企业所得税。本行填报本期《中华人民共和国企业所得税月(季)度预缴纳税申报表(A 类)》(A200000)第 9 行 ×15% 的金额。

17. 第 17 行"十七、符合条件的集成电路封装、测试企业定期减免企业所得税":根据《财政部 国家税务总局 国家发展改革委 工业和信息化部关于进一步鼓励集成电路产业发展企业所得税政策的通知》(财税〔2015〕6 号)规定,符合条件的集成电路封装、测试企业,在 2017 年(含 2017 年)前实现获利的,自获利年度起第一年至第二年免征企业所得税,第三年至第五年按照 25% 的法定税率减半征收企业所得税,并享受至期满为止;2017 年前未实现获利的,自 2017 年起计算优惠期,享受至期满为止。本行填报根据本期《中华人民共和国企业所得税月(季)度预缴纳税申报表(A 类)》(A200000)第 9 行计算的免征、减征企业所得税的本年累计金额。

18. 第 18 行"十八、符合条件的集成电路关键专用材料生产企业、集成电路专用设备生产企业定期减免企业所得税":根据《财政部 国家税务总局 国家发展改革委员会 工业和信息化部关于进一步鼓励集成电路产业发展企业所得税政策的通知》(财税〔2015〕6 号)规定,符合条件的集成电路关键专用材料生产企业、集成电路专用设备生产企业,在 2017 年(含 2017 年)前实现获利的,自获利年度起第一年至第二年免征企业所得税,第三年至第五年按照 25% 的法定税率减半征收企业所得税,并享受至期满为止;2017 年前未实现获利的,自 2017 年起计算优惠期,享受至期满为止。本行填报根据本期《中华人民共和国企业所得税月(季)度预缴纳税申报表(A 类)》(A200000)第 9 行计算的免征、减征企业所得税的本年累计金额。

19. 第 19 行"十九、经营性文化事业单位转制为企业的免征企业所得税":根据《财政部 国家税务总局 中宣部关于继续实施文化体制改革中经营性文化事业单位转制为企业若干税收政策的通知》（财税〔2014〕84号）等规定，从事新闻出版、广播影视和文化艺术的经营性文化事业单位转制为企业的，自转制注册之日起免征企业所得税。本行填报本期《中华人民共和国企业所得税月（季）度预缴纳税申报表（A类）》（A200000）第9行×25%的金额。

20. 第20行"二十、符合条件的生产和装配伤残人员专门用品企业免征企业所得税"：根据《财政部　国家税务总局　民政部关于生产和装配伤残人员专门用品企业免征企业所得税的通知》（财税〔2016〕111号）等规定，符合条件的生产和装配伤残人员专门用品的企业免征企业所得税。本行填报本期《中华人民共和国企业所得税月（季）度预缴纳税申报表（A类）》（A200000）第9行×25%的金额。

21. 第21行"二十一、技术先进型服务企业减按15%的税率征收企业所得税"：根据《财政部　国家税务总局　商务部　科技部　国家发展改革委员会关于完善技术先进型服务企业有关企业所得税政策问题的通知》（财税〔2014〕59号）、《财政部　国家税务总局　商务部　科技部　国家发展改革委员会关于新增中国服务外包示范城市适用技术先进型服务企业所得税政策的通知》（财税〔2016〕108号）、《财政部　国家税务总局　商务部　科技部　国家发展改革委员会关于将技术先进型服务企业所得税政策推广至全国实施的通知》（财税〔2017〕79号）等规定，对经认定的技术先进型服务企业，减按15%的税率征收企业所得税。本行填报本期《中华人民共和国企业所得税月（季）度预缴纳税申报表（A类）》（A200000）第9行×10%的金额。

22. 第22行"服务贸易类技术先进型服务企业减按15%的税率征收企业所得税"：根据相关政策规定，经认定的技术先进型服务企业（服务贸易类）减按15%的税率征收企业所得税。本行填报本期《中华人民共和国企业所得税月（季）度预缴纳税申报表（A类）》（A200000）第9行×10%的金额。

23. 第23行"二十三、设在西部地区的鼓励类产业企业减按15%的税率征收企业所得税"：根据《财政部　海关总署　国家税务总局关于深入实施西部大开发战略有关税收政策问题的通知》（财税〔2011〕58号）、《国家税务总局关于深入实施西部大开发战略有关企业所得税问题的公告》（国家税务总局公告2012年第12号）、《财政部　海关总署　国家税务总局关于赣州市执行西部大开发税收政策问题的通知》（财税〔2013〕4号）、《西部地区鼓励类产业目录》(中华人民共和国国家发展和改革委员会令第15号)、《国家税务总局关于执行〈西部地区鼓励类产业目录〉有关企业所得税问题的公告》（国家税务总局公告2015年第14号）等规定，对设在西部地区的鼓励类产业企业减按15%的税率征收企业所得税；对设在赣州市的鼓励类产业的内资和外商投资企业减按15%税率征收企业所得税。本行填报根据本期《中华人民共和国企业所得税月（季）度预缴纳税申报表（A类）》（A200000）第9行计算的减征企业所得税的本年累计金额。

跨地区经营汇总纳税企业总机构和分支机构因享受该项优惠政策适用不同税率的，本行填报按照《国家税务总局关于印发〈跨地区经营汇总纳税企业所得税征收管理办法〉的公告》（国家税务总局公告2012年第57号）第十八条规定计算的减免税额。

24. 第24行"二十四、新疆困难地区新办企业定期减免企业所得税"：根据《财政部　国家税务总局关于新疆困难地区新办企业所得税优惠政策的通知》（财税〔2011〕53号）、《财政部　国家税务总局　国家发展改革委员会　工业和信息化部关于完善新疆困难地区重点鼓励发展产业企业所得税优惠目录的通知》（财税〔2016〕85号）等规定，对在新疆困难地区新办的属于《新疆困难地区重点鼓励发展产业企业所得税优惠目录》范围内的企业，自取得第一笔生产经营收入所属纳税年度起，第一年至第二年免征企业所得税，第三年至第五年减半征收企业所得税。本行填报根据本期《中华人民共和国企业所得税月（季）度预缴纳税申报表（A类）》（A200000）第9行计算的免征、减征企业所得税的本年累计金额。

25. 第25行"二十五、新疆喀什、霍尔果斯特殊经济开发区新办企业定期免征企业所得税"：根据《财政部　国家税务总局关于新疆喀什、霍尔果斯两个特殊经济开发区企业所得税优惠政策的通知》（财税〔2011〕112号）、《财政部　国家税务总局　国家发展改革委员会　工业和信息化部关于完善新疆困难地区重点鼓励发展产业企业所得税优惠目录的通知》（财税〔2016〕85号）等规定，对在新疆喀什、霍尔果斯两个特殊经济开发区内新办的属于《新疆困难地区重点鼓励发展产业企业所得税优惠目录》范围内的企业，自取得第一笔生产经营收入所属纳税年度起，五年内免征企业所得税。本行填报根据本期《中华人民共和国企业所得税月（季）度预缴纳税申报表（A类）》（A200000）第9行计算的免征企业所得税的本年累计金额。

26. 第26行"二十六、广东横琴、福建平潭、深圳前海等地区的鼓励类产业企业减按15%税率征收企业所得税"：根据《财政部　国家税务总局关于广东横琴新区、福建平潭综合实验区、深圳前海深港现代化服务业合作区企业所得税优惠政策及优惠目录的通知》（财税〔2014〕26号）、《财政部　国家税务总局关于平潭综合实验区企业所得税优惠目录增列有关旅游产业项目的通知》（财税〔2017〕75号）等规定，对设在广东横琴新区、福建平潭综合实验区和深圳前海深港现代服务业合作区的鼓励类产业企业减按15%的税率征收企业所得税。本行填报根据本期《中华人民共和国企业所得税月（季）度预缴纳税申报表（A

类）》（A200000）第9行计算的减征企业所得税的本年累计金额。

27. 第27行"二十七、北京冬奥组委、北京冬奥会测试赛赛事组委会免征企业所得税"：根据《财政部 国家税务总局 海关总署关于北京2022年冬奥会和冬残奥会税收政策的通知》（财税〔2017〕60号）等规定，为支持发展奥林匹克运动，确保北京2022年冬奥会和冬残奥会顺利举办，对北京冬奥组委免征应缴纳的企业所得税，北京冬奥会测试赛赛事组委会取得的收入及发生的涉税支出比照执行北京冬奥组委的税收政策。本行填报本期《中华人民共和国企业所得税月（季）度预缴纳税申报表（A类）》（A200000）第9行×25%的金额。

28. 第28行"二十八、其他"：填报纳税人享受的本表未列明的减免企业所得税优惠的优惠事项名称、减免税代码及免征、减征企业所得税的本年累计金额。

29. 第29行"二十九、民族自治地方的自治机关对本民族自治地方的企业应缴纳的企业所得税中属于地方分享的部分免征或减征（≤免征≤减征：减征幅度_____%）"：根据《中华人民共和国企业所得税法》《财政部 国家税务总局关于贯彻落实国务院关于实施企业所得税过渡优惠政策有关问题的通知》（财税〔2008〕21号）、《中华人民共和国民族区域自治法》等规定，实行民族区域自治的自治区、自治州、自治县的自治机关对本民族自治地方的企业应缴纳的企业所得税中属于地方分享的部分，可以决定免征或减征，自治州、自治县决定减征或者免征的，须报省、自治区、直辖市人民政府批准。

纳税人填报该行次时，根据享受政策的类型选择"免征"或"减征"，二者必选其一。选择"免征"是指免征企业所得税税收地方分享部分；选择"减征：减征幅度_____%"是指减征企业所得税税收地方分享部分。此时须填写"减征幅度"，减征幅度填写范围为1～100，表示企业所得税税收地方分享部分的减征比例。通常情况下，本行填报〔《中华人民共和国企业所得税月（季）度预缴纳税申报表（A类）》（A200000）第11行"应纳所得税额"－本表第1行至第28行合计金额〕×40%×减征幅度。例如，地方分享部分减半征收，则选择"减征"，并在"减征幅度"后填写"50%"。

30. 第30行"合计"：根据相关行次计算结果填报。本行＝第1+2+3+4+5+…+29行。

二、表内、表间关系

（一）表内关系

第30行＝第1+2+3+4+5+…+29行。

（二）表间关系

第30行＝表 A200000 第12行。

A202000《企业所得税汇总纳税分支机构所得税分配表》

税款所属期间：年　月　日至　年　月　日

总机构名称（盖章）：

总机构统一社会信用代码（纳税人识别号）：　　　　　　　　金额单位：元（列至角分）

应纳所得税额		总机构分摊所得税额		总机构财政集中分配所得税额			分支机构分摊所得税额	
	分支机构统一社会信用代码（纳税人识别号）	分支机构名称		三项因素			分配比例	分配所得税额
				营业收入	职工薪酬	资产总额		
分支机构情况								
	合计							

A202000《企业所得税汇总纳税分支机构所得税分配表》填报说明

一、适用范围及报送要求

本表为《中华人民共和国企业所得税月（季）度预缴纳税申报表（A类）》

（A200000）附表，适用于跨地区经营汇总纳税企业的总机构填报。纳税人应根据《财政部 国家税务总局 中国人民银行关于印发〈跨省市总分机构企业所得税分配及预算管理办法〉的通知》（财预〔2012〕40号）、《国家税务总局关于印发〈跨地区经营汇总纳税企业所得税征收管理办法〉的公告》（国家税务总局公告2012年第57号）规定，计算总分机构每一预缴期应纳的企业所得税额、总机构和分支机构应分摊的企业所得税额。对于仅在同一省（自治区、直辖市和计划单列市）内设立不具有法人资格分支机构的企业，本省（自治区、直辖市和计划单列市）参照上述文件规定制定企业所得税分配管理办法的，按照其规定填报本表。

本表与《国家税务总局关于发布〈中华人民共和国企业所得税年度纳税申报表（A类，2017年版）〉的公告》（国家税务总局公告2017年第54号）中的《企业所得税汇总纳税分支机构所得税分配表》（A109010）表单样式一致。年度终了后五个月内，《企业所得税汇总纳税分支机构所得税分配表》（A109010）由实行汇总纳税的企业总机构填报。

二、具体项目填报说明

1. "税款所属时期"：填报税款所属期月（季）度第一日至税款所属期月（季）度最后一日。例如，按季度预缴纳税申报的纳税人，第二季度申报时"税款所属期间"填报"××年4月1日至××年6月30日"。

2. "总机构名称""分支机构名称"：填报营业执照、税务登记证等证件载明的纳税人名称。

3. "总机构统一社会信用代码（纳税人识别号）""分支机构统一社会信用代码（纳税人识别号）"：填报有关部门核发的纳税人统一社会信用代码。未取得统一社会信用代码的，填报税务机关核发的纳税人识别号。

4. "应纳所得税额"：填报本税款所属期企业汇总计算的本期应补（退）的所得税额。

5. "总机构分摊所得税额"：对于跨省（自治区、直辖市和计划单列市）经营汇总纳税企业，填报本期《中华人民共和国企业所得税月（季）度预缴纳税申报表（A类）》（A200000）第15行×25%的金额；对于同一省（自治区、直辖市、计划单列市）内跨地区经营汇总纳税企业，填报本期《中华人民共和国企业所得税月（季）度预缴纳税申报表（A类）》（A200000）第15行×各省（自治区、直辖市和计划单列市）确定的总机构分摊比例的金额。

6. "总机构财政集中分配所得税额"：对于跨省（自治区、直辖市和计划单列市）经营汇总纳税企业，填报本期《中华人民共和国企业所得税月（季）度预缴纳税申报表（A 类）》（A200000）第 15 行 × 25% 的金额；对于同一省（自治区、直辖市、计划单列市）内跨地区经营汇总纳税企业，填报本期《中华人民共和国企业所得税月（季）度预缴纳税申报表（A 类）》（A200000）第 15 行 × 各省（自治区、直辖市和计划单列市）确定的财政集中分配比例的金额。

7. "分支机构分摊所得税额"：对于跨省（自治区、直辖市和计划单列市）经营汇总纳税企业，填报本期《中华人民共和国企业所得税月（季）度预缴纳税申报表（A 类）》（A200000）第 15 行 × 50% 的金额；对于同一省（自治区、直辖市、计划单列市）内跨地区经营汇总纳税企业，填报本期《中华人民共和国企业所得税月（季）度预缴纳税申报表（A 类）》（A200000）第 15 行 × 各省（自治区、直辖市和计划单列市）确定的全部分支机构分摊比例的金额。

8. "营业收入"：填报上一年度各分支机构销售商品、提供劳务、让渡资产使用权等日常经营活动实现的全部收入的合计额。

9. "职工薪酬"：填报上一年度各分支机构为获得职工提供的服务而给予各种形式的报酬以及其他相关支出的合计额。

10. "资产总额"：填报上一年度各分支机构在经营活动中实际使用的应归属于该分支机构的资产合计额。

11. "分配比例"：填报经总机构所在地主管税务机关审核确认的各分支机构分配比例，分配比例应保留小数点后十位。

12. "分配所得税额"：填报分支机构按照分支机构分摊所得税额乘以相应的分配比例的金额。

13. "合计"：填报上一年度各分支机构的营业收入总额、职工薪酬总额和资产总额三项因素的合计金额及本年各分支机构分配比例和分配税额的合计金额。

三、表间关系

1. "应纳所得税额"栏次 = 表 A200000 第 15 行。

2. "总机构分摊所得税额"栏次 = 表 A200000 第 17 行。

3. "总机构财政集中分配所得税额"栏次 = 表 A200000 第 18 行。

4. "分支机构情况"中对应总机构独立生产经营部门行次的"分配所得税额"栏次 = 表 A200000 第 19 行。

四、企业所得税年报重点表单及填报说明

（一）填报表单

表单编号	表单名称	选择填报情况	
		填报	不填报
A000000	企业基础信息表	√	×
A100000	中华人民共和国企业所得税年度纳税申报表（A类）	√	×
A101010	一般企业收入明细表	☐	☐
A101020	金融企业收入明细表	☐	☐
A102010	一般企业成本支出明细表	☐	☐
A102020	金融企业支出明细表	☐	☐
A103000	事业单位、民间非营利组织收入、支出明细表	☐	☐
A104000	期间费用明细表	☐	☐
A105000	纳税调整项目明细表	☐	☐
A105010	视同销售和房地产开发企业特定业务纳税调整明细表	☐	☐
A105020	未按权责发生制确认收入纳税调整明细表	☐	☐
A105030	投资收益纳税调整明细表	☐	☐
A105040	专项用途财政性资金纳税调整明细表	☐	☐
A105050	职工薪酬支出及纳税调整明细表	☐	☐
A105060	广告费和业务宣传费跨年度纳税调整明细表	☐	☐
A105070	捐赠支出及纳税调整明细表	☐	☐
A105080	资产折旧、摊销及纳税调整明细表	☐	☐
A105090	资产损失税前扣除及纳税调整明细表	☐	☐
A105100	企业重组及递延纳税事项纳税调整明细表	☐	☐
A105110	政策性搬迁纳税调整明细表	☐	☐
A105120	特殊行业准备金及纳税调整明细表	☐	☐
A106000	企业所得税弥补亏损明细表	☐	☐
A107010	免税、减计收入及加计扣除优惠明细表	☐	☐
A107011	符合条件的居民企业之间的股息、红利等权益性投资收益优惠明细表	☐	☐
A107012	研发费用加计扣除优惠明细表	☐	☐
A107020	所得减免优惠明细表	☐	☐

表单编号	表单名称	选择填报情况	
		填报	不填报
A107030	抵扣应纳税所得额明细表	☐	☐
A107040	减免所得税优惠明细表	☐	☐
A107041	高新技术企业优惠情况及明细表	☐	☐
A107042	软件、集成电路企业优惠情况及明细表	☐	☐
A107050	税额抵免优惠明细表	☐	☐
A108000	境外所得税收抵免明细表	☐	☐
A108010	境外所得纳税调整后所得明细表	☐	☐
A108020	境外分支机构弥补亏损明细表	☐	☐
A108030	跨年度结转抵免境外所得税明细表	☐	☐
A109000	跨地区经营汇总纳税企业年度分摊企业所得税明细表	☐	☐
A109010	企业所得税汇总纳税分支机构所得税分配表	☐	☐

说明：企业应当根据实际情况选择需要填报的表单。

（二）主表样表

行次	类别	项　目	金额
1	利润总额计算	一、营业收入（填写 A101010/101020/103000）	
2		减：营业成本（填写 A102010/102020/103000）	
3		减：税金及附加	
4		减：销售费用（填写 A104000）	
5		减：管理费用（填写 A104000）	
6		减：财务费用（填写 A104000）	
7		减：资产减值损失	
8		加：公允价值变动收益	
9		加：投资收益	
10		二、营业利润（1－2－3－4－5－6－7＋8＋9）	
11		加：营业外收入（填写 A101010/101020/103000）	
12		减：营业外支出（填写 A102010/102020/103000）	
13		三、利润总额（10＋11－12）	

行次	类别	项　目	金额
14	应纳税所得额计算	减：境外所得（填写 A108010）	
15		加：纳税调整增加额（填写 A105000）	
16		减：纳税调整减少额（填写 A105000）	
17		减：免税、减计收入及加计扣除（填写 A107010）	
18		加：境外应税所得抵减境内亏损（填写 A108000）	
19		四、纳税调整后所得（13－14＋15－16－17＋18）	
20		减：所得减免（填写 A107020）	
21		减：弥补以前年度亏损（填写 A106000）	
22		减：抵扣应纳税所得额（填写 A107030）	
23		五、应纳税所得额（19－20－21－22）	
24	应纳税额计算	税率（25%）	
25		六、应纳所得税额（23×24）	
26		减：减免所得税额（填写 A107040）	
27		减：抵免所得税额（填写 A107050）	
28		七、应纳税额（25－26－27）	
29		加：境外所得应纳所得税额（填写 A108000）	
30		减：境外所得抵免所得税额（填写 A108000）	
31		八、实际应纳所得税额（28＋29－30）	
32		减：本年累计实际已缴纳的所得税额	
33		九、本年应补（退）所得税额（31－32）	
34		其中：总机构分摊本年应补（退）所得税额（填写 A109000）	
35		财政集中分配本年应补（退）所得税额（填写 A109000）	
36		总机构主体生产经营部门分摊本年应补（退）所得税额（填写 A109000）	

五、有关项目填报说明

（一）表体项目

本表是在纳税人会计利润总额的基础上，加减纳税调整等金额后计算出"纳税调整后所得"。会计与税法的差异（包括收入类、扣除类、资产类等差异）通过《纳税调整项目明细表》（A105000）集中填报。

本表包括利润总额计算、应纳税所得额计算、应纳税额计算三个部分。

1. "利润总额计算"中的项目，按照国家统一会计制度规定计算填报。实行企业会计准则、小企业会计准则、企业会计制度、分行业会计制度纳税人其数据直接取自利润表；实行事业单位会计准则的纳税人其数据取自收入支出表；实行民间非营利组织会计制度纳税人其数据取自业务活动表；实行其他国家统一会计制度的纳税人，根据本表项目进行分析填报。

2. "应纳税所得额计算"和"应纳税额计算"中的项目，除根据主表逻辑关系计算的外，通过附表相应栏次填报。

（二）行次说明

第1~13行参照国家统一会计制度规定填写。

1. 第1行"营业收入"：填报纳税人主要经营业务和其他经营业务取得的收入总额。本行根据"主营业务收入"和"其他业务收入"的数额填报。一般企业纳税人根据《一般企业收入明细表》（A101010）填报；金融企业纳税人根据《金融企业收入明细表》（A101020）填报；事业单位、社会团体、民办非企业单位、非营利组织等纳税人根据《事业单位、民间非营利组织收入、支出明细表》（A103000）填报。

2. 第2行"营业成本"项目：填报纳税人主要经营业务和其他经营业务发生的成本总额。本行根据"主营业务成本"和"其他业务成本"的数额填报。一般企业纳税人根据《一般企业成本支出明细表》（A102010）填报；金融企业纳税人根据《金融企业支出明细表》（A102020）填报；事业单位、社会团体、民办非企业单位、非营利组织等纳税人，根据《事业单位、民间非营利组织收入、支出明细表》（A103000）填报。

3. 第3行"税金及附加"：填报纳税人经营活动发生的消费税、城市维护建设税、资源税、土地增值税和教育费附加等相关税费。本行根据纳税人相关会计科目填报。纳税人在其他会计科目核算的税金不得重复填报。

4. 第4行"销售费用"：填报纳税人在销售商品和材料、提供劳务的过程中发生的各种费用。本行根据《期间费用明细表》（A104000）中对应的"销售费用"填报。

5. 第5行"管理费用"：填报纳税人为组织和管理企业生产经营发生的管理费用。本行根据《期间费用明细表》（A104000）中对应的"管理费用"填报。

6. 第6行"财务费用"：填报纳税人为筹集生产经营所需资金等发生的筹资费用。本行根据《期间费用明细表》（A104000）中对应的"财务费用"填报。

7. 第7行"资产减值损失"：填报纳税人计提各项资产准备发生的减值损

失。本行根据企业"资产减值损失"科目上的数额填报。实行其他会计制度的比照填报。

8. 第 8 行"公允价值变动收益"：填报纳税人在初始确认时划分为以公允价值计量且其变动计入当期损益的金融资产或金融负债（包括交易性金融资产或负债，直接指定为以公允价值计量且其变动计入当期损益的金融资产或金融负债），以及采用公允价值模式计量的投资性房地产、衍生工具和套期业务中公允价值变动形成的应计入当期损益的利得或损失。本行根据企业"公允价值变动损益"科目的数额填报，损失以"－"号填列。

9. 第 9 行"投资收益"：填报纳税人以各种方式对外投资确认所取得的收益或发生的损失。根据企业"投资收益"科目的数额计算填报，实行事业单位会计准则的纳税人根据"其他收入"科目中的投资收益金额分析填报，损失以"－"号填列。实行其他会计制度的纳税人比照填报。

10. 第 10 行"营业利润"：填报纳税人当期的营业利润。根据上述项目计算填列。

11. 第 11 行"营业外收入"：填报纳税人取得的与其经营活动无直接关系的各项收入的金额。一般企业纳税人根据《一般企业收入明细表》（A101010）填报；金融企业纳税人根据《金融企业收入明细表》（A101020）填报；实行事业单位会计准则或民间非营利组织会计制度的纳税人根据《事业单位、民间非营利组织收入、支出明细表》（A103000）填报。

12. 第 12 行"营业外支出"：填报纳税人发生的与其经营活动无直接关系的各项支出的金额。一般企业纳税人根据《一般企业成本支出明细表》（A102010）填报；金融企业纳税人根据《金融企业支出明细表》（A102020）填报；实行事业单位会计准则或民间非营利组织会计制度的纳税人根据《事业单位、民间非营利组织收入、支出明细表》（A103000）填报。

13. 第 13 行"利润总额"：填报纳税人当期的利润总额。根据上述项目计算填列。

14. 第 14 行"境外所得"：填报纳税人取得的境外所得且已计入利润总额的金额。本行根据《境外所得纳税调整后所得明细表》（A108010）填报。

15. 第 15 行"纳税调整增加额"：填报纳税人会计处理与税收规定不一致，进行纳税调整增加的金额。本行根据《纳税调整项目明细表》（A105000）"调增金额"列填报。

16. 第 16 行"纳税调整减少额"：填报纳税人会计处理与税收规定不一致，进行纳税调整减少的金额。本行根据《纳税调整项目明细表》（A105000）"调减金额"列填报。

17. 第 17 行"免税、减计收入及加计扣除"：填报属于税收规定免税收入、减计收入、加计扣除金额。本行根据《免税、减计收入及加计扣除优惠明细表》（A107010）填报。

18. 第 18 行"境外应税所得抵减境内亏损"：当纳税人选择不用境外所得抵减境内亏损时，填报 0；当纳税人选择用境外所得抵减境内亏损时，填报境外所得抵减当年度境内亏损的金额，用境外所得弥补以前年度境内亏损的，填报《境外所得税收抵免明细表》（A108000）。

19. 第 19 行"纳税调整后所得"：填报纳税人经过纳税调整、税收优惠、境外所得计算后的所得额。

20. 第 20 行"所得减免"：填报属于税收规定所得减免金额。本行根据《所得减免优惠明细表》（A107020）填报。

21. 第 21 行"弥补以前年度亏损"：填报纳税人按照税收规定可在税前弥补的以前年度亏损数额，本行根据《企业所得税弥补亏损明细表》（A106000）填报。

22. 第 22 行"抵扣应纳税所得额"：填报根据税收规定应抵扣的应纳税所得额。本行根据《抵扣应纳税所得额明细表》（A107030）填报。

23. 第 23 行"应纳税所得额"：金额等于本表第 19 - 20 - 21 - 22 行计算结果。本行不得为负数。按照上述行次顺序计算结果本行为负数，本行金额填零。

24. 第 24 行"税率"：填报税收规定的税率 25%。

25. 第 25 行"应纳所得税额"：金额等于本表第 23 × 24 行。

26. 第 26 行"减免所得税额"：填报纳税人按税收规定实际减免的企业所得税额。本行根据《减免所得税优惠明细表》（A107040）填报。

27. 第 27 行"抵免所得税额"：填报企业当年的应纳所得税额中抵免的金额。本行根据《税额抵免优惠明细表》（A107050）填报。

28. 第 28 行"应纳税额"：金额等于本表第 25 - 26 - 27 行。

29. 第 29 行"境外所得应纳所得税额"：填报纳税人来源于中国境外的所得，按照我国税收规定计算的应纳所得税额。本行根据《境外所得税收抵免明细表》（A108000）填报。

30. 第 30 行"境外所得抵免所得税额"：填报纳税人来源于中国境外所得依照中国境外税收法律以及相关规定应缴纳并实际缴纳（包括视同已实际缴纳）的企业所得税性质的税款（准予抵免税款）。本行根据《境外所得税收抵免明细表》（A108000）填报。

31. 第 31 行"实际应纳所得税额"：填报纳税人当期的实际应纳所得税额。金额等于本表第 28 + 29 - 30 行。

32. 第 32 行"本年累计实际已缴纳的所得税额"：填报纳税人按照税收规定本纳税年度已在月（季）度累计预缴的所得税额，包括按照税收规定的特定业务已预缴（征）的所得税额，建筑企业总机构直接管理的跨地区设立的项目部按规定向项目所在地主管税务机关预缴的所得税额。

33. 第 33 行"本年应补（退）的所得税额"：填报纳税人当期应补（退）的所得税额。金额等于本表第 31 - 32 行。

34. 第 34 行"总机构分摊本年应补（退）所得税额"：填报汇总纳税的总机构按照税收规定在总机构所在地分摊本年应补（退）所得税额。本行根据《跨地区经营汇总纳税企业年度分摊企业所得税明细表》（A109000）填报。

35. 第 35 行"财政集中分配本年应补（退）所得税额"：填报汇总纳税的总机构按照税收规定财政集中分配本年应补（退）所得税款。本行根据《跨地区经营汇总纳税企业年度分摊企业所得税明细表》（A109000）填报。

36. 第 36 行"总机构主体生产经营部门分摊本年应补（退）所得税额"：填报汇总纳税的总机构所属的具有主体生产经营职能的部门按照税收规定应分摊的本年应补（退）所得税额。本行根据《跨地区经营汇总纳税企业年度分摊企业所得税明细表》（A109000）填报。

六、表内、表间关系

（一）表内关系

1. 第 10 行 = 第 1 - 2 - 3 - 4 - 5 - 6 - 7 + 8 + 9 行。
2. 第 13 行 = 第 10 + 11 - 12 行。
3. 第 19 行 = 第 13 - 14 + 15 - 16 - 17 + 18 行。
4. 第 23 行 = 第 19 - 20 - 21 - 22 行。
5. 第 25 行 = 第 23 × 24 行。
6. 第 28 行 = 第 25 - 26 - 27 行。
7. 第 31 行 = 第 28 + 29 - 30 行。
8. 第 33 行 = 第 31 - 32 行。

（二）表间关系

1. 第 1 行 = 表 A101010 第 1 行或表 A101020 第 1 行或表 A103000 第 2 + 3 + 4 + 5 + 6 行或表 A103000 第 11 + 12 + 13 + 14 + 15 行。
2. 第 2 行 = 表 A102010 第 1 行或表 A102020 第 1 行或表 A103000 第 19 +

20 + 21 + 22 行或表 A103000 第 25 + 26 + 27 行。

3. 第 4 行 = 表 A104000 第 26 行第 1 列。

4. 第 5 行 = 表 A104000 第 26 行第 3 列。

5. 第 6 行 = 表 A104000 第 26 行第 5 列。

6. 第 9 行 = 表 A103000 第 8 行或者第 16 行（仅限于填报表 A103000 的纳税人，其他纳税人根据财务核算情况自行填写）。

7. 第 11 行 = 表 A101010 第 16 行或表 A101020 第 35 行或表 A103000 第 9 行或第 17 行。

8. 第 12 行 = 表 A102010 第 16 行或表 A102020 第 33 行或表 A103000 第 23 行或第 28 行。

9. 第 14 行 = 表 A108010 第 14 列合计 − 第 11 列合计。

10. 第 15 行 = 表 A105000 第 45 行第 3 列。

11. 第 16 行 = 表 A105000 第 45 行第 4 列。

12. 第 17 行 = 表 A107010 第 31 行。

13. 第 18 行：

（1）当 A100000 第 13 − 14 + 15 − 16 − 17 行≥0，第 18 行 = 0；

（2）当 A100000 第 13 − 14 + 15 − 16 − 17 <0 且表 A108000 第 5 列合计行≥0，表 A108000 第 6 列合计行 > 0 时，第 18 行 = 表 A108000 第 5 列合计行与表 A100000 第 13 − 14 + 15 − 16 − 17 行绝对值的孰小值；

（3）当 A100000 第 13 − 14 + 15 − 16 − 17 <0 且表 A108000 第 5 列合计行≥0，表 A108000 第 6 列合计行 = 0 时，第 18 行 = 0。

14. 第 19 行 = 表 A100000 第 13 − 14 + 15 − 16 − 17 + 18 行。

15. 第 20 行：

当第 19 行≤0 时，本行填报 0；

当第 19 行 >0 时：

（1）A107020 表合计行第 11 列≤表 A100000 第 19 行，本行 = 表 A107020 合计行第 11 列；

（2）A107020 表合计行第 11 列 > 表 A100000 第 19 行，本行 = 表 A100000 第 19 行。

16. 第 21 行 = 表 A106000 第 6 行第 10 列。

17. 第 22 行 = 表 A107030 第 15 行第 1 列。

18. 第 26 行 = 表 A107040 第 32 行。

19. 第 27 行 = 表 A107050 第 7 行第 11 列。

20. 第 29 行 = 表 A108000 第 9 列合计。

21. 第 30 行 = 表 A108000 第 19 列合计。

22. 第 34 行 = 表 A109000 第 12 + 16 行。

23. 第 35 行 = 表 A109000 第 13 行。

24. 第 36 行 = 表 A109000 第 15 行。

（三）企业一般收入明细表

行次	项　目	金　额
1	一、营业收入（2 + 9）	
2	（一）主营业务收入（3 + 5 + 6 + 7 + 8）	
3	1. 销售商品收入	
4	其中：非货币性资产交换收入	
5	2. 提供劳务收入	
6	3. 建造合同收入	
7	4. 让渡资产使用权收入	
8	5. 其他	
9	（二）其他业务收入（10 + 12 + 13 + 14 + 15）	
10	1. 销售材料收入	
11	其中：非货币性资产交换收入	
12	2. 出租固定资产收入	
13	3. 出租无形资产收入	
14	4. 出租包装物和商品收入	
15	5. 其他	
16	二、营业外收入（17 + 18 + 19 + 20 + 21 + 22 + 23 + 24 + 25 + 26）	
17	（一）非流动资产处置利得	
18	（二）非货币性资产交换利得	
19	（三）债务重组利得	
20	（四）政府补助利得	
21	（五）盘盈利得	
22	（六）捐赠利得	
23	（七）罚没利得	
24	（八）确实无法偿付的应付款项	
25	（九）汇兑收益	
26	（十）其他	

A101010《一般企业收入明细表》填报说明

本表适用于除金融企业、事业单位和民间非营利组织外的企业填报。纳税人应根据国家统一会计制度的规定，填报"主营业务收入""其他业务收入"和"营业外收入"。

一、有关项目填报说明

1. 第1行"营业收入"：根据主营业务收入、其他业务收入的数额计算填报。

2. 第2行"主营业务收入"：根据不同行业的业务性质分别填报纳税人核算的主营业务收入。

3. 第3行"销售商品收入"：填报纳税人从事工业制造、商品流通、农业生产以及其他商品销售活动取得的主营业务收入。房地产开发企业销售开发产品（销售未完工开发产品除外）取得的收入也在此行填报。

4. 第4行"其中：非货币性资产交换收入"：填报纳税人发生的非货币性资产交换按照国家统一会计制度应确认的销售商品收入。

5. 第5行"提供劳务收入"：填报纳税人从事建筑安装、修理修配、交通运输、仓储租赁、邮电通信、咨询经纪、文化体育、科学研究、技术服务、教育培训、餐饮住宿、中介代理、卫生保健、社区服务、旅游、娱乐、加工以及其他劳务活动取得的主营业务收入。

6. 第6行"建造合同收入"：填报纳税人建造房屋、道路、桥梁、水坝等建筑物，以及生产船舶、飞机、大型机械设备等取得的主营业务收入。

7. 第7行"让渡资产使用权收入"：填报纳税人在主营业务收入核算的，让渡无形资产使用权而取得的使用费收入以及出租固定资产、无形资产、投资性房地产取得的租金收入。

8. 第8行"其他"：填报纳税人按照国家统一会计制度核算、上述未列举的其他主营业务收入。

9. 第9行"其他业务收入"：填报根据不同行业的业务性质分别填报纳税人核算的其他业务收入。

10. 第10行"销售材料收入"：填报纳税人销售材料、下脚料、废料、废旧物资等取得的收入。

11. 第11行"其中：非货币性资产交换收入"：填报纳税人发生的非货币性

资产交换按照国家统一会计制度应确认的材料销售收入。

12. 第 12 行"出租固定资产收入"：填报纳税人将固定资产使用权让与承租人获取的其他业务收入。

13. 第 13 行"出租无形资产收入"：填报纳税人让渡无形资产使用权取得的其他业务收入。

14. 第 14 行"出租包装物和商品收入"：填报纳税人出租、出借包装物和商品取得的其他业务收入。

15. 第 15 行"其他"：填报纳税人按照国家统一会计制度核算，上述未列举的其他业务收入。

16. 第 16 行"营业外收入"：填报纳税人计入本科目核算的与生产经营无直接关系的各项收入。

17. 第 17 行"非流动资产处置利得"：填报纳税人处置固定资产、无形资产等取得的净收益。

18. 第 18 行"非货币性资产交换利得"：填报纳税人发生非货币性资产交换应确认的净收益。

19. 第 19 行"债务重组利得"：填报纳税人发生的债务重组业务确认的净收益。

20. 第 20 行"政府补助利得"：填报纳税人从政府无偿取得货币性资产或非货币性资产应确认的净收益。

21. 第 21 行"盘盈利得"：填报纳税人在清查财产过程中查明的各种财产盘盈应确认的净收益。

22. 第 22 行"捐赠利得"：填报纳税人接受的来自企业、组织或个人无偿给予的货币性资产、非货币性资产捐赠应确认的净收益。

23. 第 23 行"罚没利得"：填报纳税人在日常经营管理活动中取得的罚款、没收收入应确认的净收益。

24. 第 24 行"确实无法偿付的应付款项"：填报纳税人因确实无法偿付的应付款项而确认的收入。

25. 第 25 行"汇兑收益"：填报纳税人取得企业外币货币性项目因汇率变动形成的收益应确认的收入。（该项目为执行小企业会计准则企业填报）

26. 第 26 行"其他"：填报纳税人取得的上述项目未列举的其他营业外收入，包括执行企业会计准则纳税人按权益法核算长期股权投资对初始投资成本调整确认的收益，执行小企业会计准则纳税人取得的出租包装物和商品的租金收入、逾期未退包装物押金收益等。

二、表内、表间关系

（一）表内关系

1. 第 1 行 = 第 2 + 9 行。

2. 第 2 行 = 第 3 + 5 + 6 + 7 + 8 行。

3. 第 9 行 = 第 10 + 12 + 13 + 14 + 15 行。

4. 第 16 行 = 第 17 + 18 + 19 + 20 + 21 + 22 + 23 + 24 + 25 + 26 行。

（二）表间关系

1. 第 1 行 = 表 A100000 第 1 行。

2. 第 16 行 = 表 A100000 第 11 行。

（三）一般企业成本支出明细表

行次	项　目	金　额
1	一、营业成本（2 + 9）	
2	（一）主营业务成本（3 + 5 + 6 + 7 + 8）	
3	1. 销售商品成本	
4	其中：非货币性资产交换成本	
5	2. 提供劳务成本	
6	3. 建造合同成本	
7	4. 让渡资产使用权成本	
8	5. 其他	
9	（二）其他业务成本（10 + 12 + 13 + 14 + 15）	
10	1. 销售材料成本	
11	其中：非货币性资产交换成本	
12	2. 出租固定资产成本	
13	3. 出租无形资产成本	
14	4. 包装物出租成本	
15	5. 其他	
16	二、营业外支出（17 + 18 + 19 + 20 + 21 + 22 + 23 + 24 + 25 + 26）	
17	（一）非流动资产处置损失	

行次	项　目	金　额
18	（二）非货币性资产交换损失	
19	（三）债务重组损失	
20	（四）非常损失	
21	（五）捐赠支出	
22	（六）赞助支出	
23	（七）罚没支出	
24	（八）坏账损失	
25	（九）无法收回的债券股权投资损失	
26	（十）其他	

A102010《一般企业成本支出明细表》填报说明

本表适用于除金融企业、事业单位和民间非营利组织外的企业填报。纳税人应根据国家统一会计制度的规定，填报"主营业务成本""其他业务成本"和"营业外支出"。

一、有关项目填报说明

1. 第1行"营业成本"：填报纳税人主要经营业务和其他经营业务发生的成本总额。本行根据"主营业务成本"和"其他业务成本"的数额计算填报。

2. 第2行"主营业务成本"：根据不同行业的业务性质分别填报纳税人核算的主营业务成本。

3. 第3行"销售商品成本"：填报纳税人从事工业制造、商品流通、农业生产以及其他商品销售活动发生的主营业务成本。房地产开发企业销售开发产品（销售未完工开发产品除外）发生的成本也在此行填报。

4. 第4行"其中：非货币性资产交换成本"：填报纳税人发生的非货币性资产交换按照国家统一会计制度应确认的销售商品成本。

5. 第5行"提供劳务成本"：填报纳税人从事建筑安装、修理修配、交通运输、仓储租赁、邮电通信、咨询经纪、文化体育、科学研究、技术服务、教育培训、餐饮住宿、中介代理、卫生保健、社区服务、旅游、娱乐、加工以及其他劳务活动发生的主营业务成本。

6. 第6行"建造合同成本"：填报纳税人建造房屋、道路、桥梁、水坝等建筑物，以及生产船舶、飞机、大型机械设备等发生的主营业务成本。

7. 第7行"让渡资产使用权成本"：填报纳税人在主营业务成本核算的，让渡无形资产使用权而发生的使用费成本以及出租固定资产、无形资产、投资性房地产发生的租金成本。

8. 第8行"其他"：填报纳税人按照国家统一会计制度核算、上述未列举的其他主营业务成本。

9. 第9行"其他业务成本"：根据不同行业的业务性质分别填报纳税人按照国家统一会计制度核算的其他业务成本。

10. 第10行"销售材料成本"：填报纳税人销售材料、下脚料、废料、废旧物资等发生的成本。

11. 第11行"其中：非货币性资产交换成本"：填报纳税人发生的非货币性资产交换按照国家统一会计制度应确认的材料销售成本。

12. 第12行"出租固定资产成本"：填报纳税人将固定资产使用权让与承租人形成的出租固定资产成本。

13. 第13行"出租无形资产成本"：填报纳税人让渡无形资产使用权形成的出租无形资产成本。

14. 第14行"包装物出租成本"：填报纳税人出租、出借包装物形成的包装物出租成本。

15. 第15行"其他"：填报纳税人按照国家统一会计制度核算，上述未列举的其他业务成本。

16. 第16行"营业外支出"：填报纳税人计入本科目核算的与生产经营无直接关系的各项支出。

17. 第17行"非流动资产处置损失"：填报纳税人处置非流动资产形成的净损失。

18. 第18行"非货币性资产交换损失"：填报纳税人发生非货币性资产交换应确认的净损失。

19. 第19行"债务重组损失"：填报纳税人进行债务重组应确认的净损失。

20. 第20行"非常损失"：填报纳税人在营业外支出中核算的各项非正常的财产损失。

21. 第21行"捐赠支出"：填报纳税人无偿给予其他企业、组织或个人的货币性资产、非货币性资产的捐赠支出。

22. 第22行"赞助支出"：填报纳税人发生的货币性资产、非货币性资产赞助支出。

23. 第 23 行"罚没支出"：填报纳税人在日常经营管理活动中对外支付的各项罚款、没收收入的支出。

24. 第 24 行"坏账损失"：填报纳税人发生的各项坏账损失（该项目为使用小企业会计准则企业填报）。

25. 第 25 行"无法收回的债券股权投资损失"：填报纳税人各项无法收回的债券股权投资损失（该项目为使用小企业会计准则企业填报）。

26. 第 26 行"其他"：填报纳税人本期实际发生的在营业外支出核算的其他损失及支出。

二、表内、表间关系

（一）表内关系

1. 第 1 行 = 第 2 + 9 行。
2. 第 2 行 = 第 3 + 5 + 6 + 7 + 8 行。
3. 第 9 行 = 第 10 + 12 + 13 + 14 + 15 行。
4. 第 16 行 = 第 17 + 18 + … + 26 行。

（二）表间关系

1. 第 1 行 = 表 A100000 第 2 行。
2. 第 16 行 = 表 A100000 第 12 行。

（三）期间费用明细表

行次	项目	销售费用	其中：境外支付	管理费用	其中：境外支付	财务费用	其中：境外支付
		1	2	3	4	5	6
1	一、职工薪酬		*		*	*	*
2	二、劳务费					*	*
3	三、咨询顾问费					*	*
4	四、业务招待费		*		*	*	*
5	五、广告费和业务宣传费		*		*	*	*
6	六、佣金和手续费						
7	七、资产折旧摊销费		*		*	*	*
8	八、财产损耗、盘亏及毁损损失		*		*	*	*

续表

行次	项目	销售费用	其中:境外支付	管理费用	其中:境外支付	财务费用	其中:境外支付
		1	2	3	4	5	6
9	九、办公费		*		*	*	*
10	十、董事会费		*		*	*	*
11	十一、租赁费					*	*
12	十二、诉讼费		*		*	*	*
13	十三、差旅费		*		*	*	*
14	十四、保险费		*		*	*	*
15	十五、运输、仓储费					*	*
16	十六、修理费					*	*
17	十七、包装费		*		*	*	*
18	十八、技术转让费					*	*
19	十九、研究费用					*	*
20	二十、各项税费		*		*	*	*
21	二十一、利息收支	*	*	*	*		
22	二十二、汇兑差额	*	*	*	*		
23	二十三、现金折扣	*	*	*	*		*
24	二十四、党组织工作经费	*	*		*	*	*
25	二十五、其他						
26	合计（1+2+3+…+25）						

A104000《期间费用明细表》填报说明

本表适用于执行企业会计准则、小企业会计准则、企业会计制度、分行业会计制度的查账征收居民纳税人填报。纳税人应根据企业会计准则、小企业会计准则、企业会计、分行业会计制度规定，填报"销售费用""管理费用"和"财务费用"等项目。

一、有关项目填报说明

1. 第1列"销售费用"：填报在销售费用科目进行核算的相关明细项目的金

额，其中金融企业填报在业务及管理费科目进行核算的相关明细项目的金额。

2. 第 2 列"其中：境外支付"：填报在销售费用科目进行核算的向境外支付的相关明细项目的金额，其中金融企业填报在业务及管理费科目进行核算的相关明细项目的金额。

3. 第 3 列"管理费用"：填报在管理费用科目进行核算的相关明细项目的金额。

4. 第 4 列"其中：境外支付"：填报在管理费用科目进行核算的向境外支付的相关明细项目的金额。

5. 第 5 列"财务费用"：填报在财务费用科目进行核算的有关明细项目的金额。

6. 第 6 列"其中：境外支付"：填报在财务费用科目进行核算的向境外支付的有关明细项目的金额。

7. 第 1 行至第 25 行：根据费用科目核算的具体项目金额进行填报，如果贷方发生额大于借方发生额，应填报负数。

8. 第 26 行第 1 列：填报第 1 行至第 25 行第 1 列的合计金额。

9. 第 26 行第 2 列：填报第 1 行至第 25 行第 2 列的合计金额。

10. 第 26 行第 3 列：填报第 1 行至第 25 行第 3 列的合计金额。

11. 第 26 行第 4 列：填报第 1 行至第 25 行第 4 列的合计金额。

12. 第 26 行第 5 列：填报第 1 行至第 25 行第 5 列的合计金额。

13. 第 26 行第 6 列：填报第 1 行至第 25 行第 6 列的合计金额。

二、表内、表间关系

（一）表内关系

1. 第 26 行第 1 列 = 第 1 列第 1 + 2 + … + 20 + 25 行。

2. 第 26 行第 2 列 = 第 2 列第 2 + 3 + 6 + 11 + 15 + 16 + 18 + 19 + 25 行。

3. 第 26 行第 3 列 = 第 3 列第 1 + 2 + … + 20 + 24 + 25 行。

4. 第 26 行第 4 列 = 第 4 列第 2 + 3 + 6 + 11 + 15 + 16 + 18 + 19 + 25 行。

5. 第 26 行第 5 列 = 第 5 列第 6 + 21 + 22 + 23 + 25 行。

6. 第 26 行第 6 列 = 第 6 列第 6 + 21 + 22 + 25 行。

（二）表间关系

1. 第 26 行第 1 列 = 表 A100000 第 4 行。

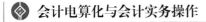

2. 第 26 行第 3 列 = 表 A100000 第 5 行。

3. 第 26 行第 5 列 = 表 A100000 第 6 行。

（三）纳税调整项目明细表

行次	项目	账载金额	税收金额	调增金额	调减金额
		1	2	3	4
1	一、收入类调整项目（2＋3＋…＋8＋10＋11）	＊	＊		
2	（一）视同销售收入（填写 A105010）	＊			＊
3	（二）未按权责发生制原则确认的收入（填写 A105020）				
4	（三）投资收益（填写 A105030）				
5	（四）按权益法核算长期股权投资对初始投资成本调整确认收益	＊	＊	＊	
6	（五）交易性金融资产初始投资调整	＊	＊		＊
7	（六）公允价值变动净损益		＊		
8	（七）不征税收入	＊	＊		
9	其中：专项用途财政性资金（填写 A105040）	＊	＊		
10	（八）销售折扣、折让和退回				
11	（九）其他				
12	二、扣除类调整项目（13＋14＋…＋24＋26＋27＋28＋29＋30）	＊	＊		
13	（一）视同销售成本（填写 A105010）	＊		＊	
14	（二）职工薪酬（填写 A105050）				
15	（三）业务招待费支出				＊
16	（四）广告费和业务宣传费支出（填写 A105060）	＊	＊		
17	（五）捐赠支出（填写 A105070）				
18	（六）利息支出				
19	（七）罚金、罚款和被没收财物的损失		＊		＊
20	（八）税收滞纳金、加收利息		＊		＊
21	（九）赞助支出		＊		＊
22	（十）与未实现融资收益相关在当期确认的财务费用				
23	（十一）佣金和手续费支出				＊

续表

行次	项目	账载金额	税收金额	调增金额	调减金额
		1	2	3	4
24	（十二）不征税收入用于支出所形成的费用	＊	＊		＊
25	其中：专项用途财政性资金用于支出所形成的费用（填写A105040）	＊	＊		＊
26	（十三）跨期扣除项目				
27	（十四）与取得收入无关的支出		＊		＊
28	（十五）境外所得分摊的共同支出	＊	＊		＊
29	（十六）党组织工作经费				
30	（十七）其他				
31	三、资产类调整项目（32＋33＋34＋35）	＊	＊		
32	（一）资产折旧、摊销（填写A105080）				
33	（二）资产减值准备金		＊		
34	（三）资产损失（填写A105090）				
35	（四）其他				
36	四、特殊事项调整项目（37＋38＋…＋42）	＊	＊		
37	（一）企业重组及递延纳税事项（填写A105100）				
38	（二）政策性搬迁（填写A105110）	＊	＊		
39	（三）特殊行业准备金（填写A105120）				
40	（四）房地产开发企业特定业务计算的纳税调整额（填写A105010）	＊			
41	（五）有限合伙企业法人合伙方应分得的应纳税所得额				
42	（六）其他	＊	＊		
43	五、特别纳税调整应税所得	＊	＊		
44	六、其他	＊	＊		
45	合计（1＋12＋31＋36＋43＋44）	＊	＊		

A105000《纳税调整项目明细表》填报说明

本表由纳税人根据税法、相关税收规定以及国家统一会计制度的规定，填报企业所得税涉税事项的会计处理、税务处理以及纳税调整情况。

一、有关项目填报说明

本表纳税调整项目按照"收入类调整项目""扣除类调整项目""资产类调整项目""特殊事项调整项目""特别纳税调整应税所得""其他"六大项分类填报汇总,并计算出纳税"调增金额"和"调减金额"的合计金额。

数据栏分别设置"账载金额""税收金额""调增金额""调减金额"四个栏次。"账载金额"是指纳税人按照国家统一会计制度规定核算的项目金额。"税收金额"是指纳税人按照税收规定计算的项目金额。

对须填报下级明细表的纳税调整项目,其"账载金额""税收金额""调增金额""调减金额"根据相应附表进行计算填报。

(一)收入类调整项目

1. 第1行"一、收入类调整项目":根据第2行至第11行(不含第9行)进行填报。

2. 第2行"(一)视同销售收入":填报会计处理不确认为销售收入,税收规定确认应税收入的收入。根据《视同销售和房地产开发企业特定业务纳税调整明细表》(A105010)填报。第2列"税收金额"为表A105010第1行第1列金额。第3列"调增金额"为表A105010第1行第2列金额。

3. 第3行"(二)未按权责发生制原则确认的收入":根据《未按权责发生制确认收入纳税调整明细表》(A105020)填报。第1列"账载金额"为表A105020第14行第2列金额。第2列"税收金额"为表A105020第14行第4列金额。表A105020第14行第6列,若≥0,填入本行第3列"调增金额";若<0,将绝对值填入本行第4列"调减金额"。

4. 第4行"(三)投资收益":根据《投资收益纳税调整明细表》(A105030)填报。第1列"账载金额"为表A105030第10行第1+8列的合计金额。第2列"税收金额"为表A105030第10行第2+9列的合计金额。表A105030第10行第11列,若≥0,填入本行第3列"调增金额";若<0,将绝对值填入本行第4列"调减金额"。

5. 第5行"(四)按权益法核算长期股权投资对初始投资成本调整确认收益":第4列"调减金额"填报纳税人采取权益法核算,初始投资成本小于取得投资时应享有被投资单位可辨认净资产公允价值份额的差额计入取得投资当期的营业外收入的金额。

6. 第6行"(五)交易性金融资产初始投资调整":第3列"调增金额"填

报纳税人根据税收规定确认交易性金融资产初始投资金额与会计核算的交易性金融资产初始投资账面价值的差额。

7. 第 7 行"（六）公允价值变动净损益"：第 1 列"账载金额"填报纳税人会计核算的以公允价值计量的金融资产、金融负债以及投资性房地产类项目，计入当期损益的公允价值变动金额；第 1 列≤0，将绝对值填入第 3 列"调增金额"；若第 1 列＞0，填入第 4 列"调减金额"。

8. 第 8 行"（七）不征税收入"：填报纳税人计入收入总额但属于税收规定不征税的财政拨款、依法收取并纳入财政管理的行政事业性收费以及政府性基金和国务院规定的其他不征税收入。第 3 列"调增金额"填报纳税人以前年度取得财政性资金且已作为不征税收入处理，在 5 年（60 个月）内未发生支出且未缴回财政部门或其他拨付资金的政府部门，应计入应税收入额的金额。第 4 列"调减金额"填报符合税收规定不征税收入条件并作为不征税收入处理，且已计入当期损益的金额。

9. 第 9 行"其中：专项用途财政性资金"：根据《专项用途财政性资金纳税调整明细表》（A105040）填报。第 3 列"调增金额"为表 A105040 第 7 行第 14 列金额。第 4 列"调减金额"为表 A105040 第 7 行第 4 列金额。

10. 第 10 行"（八）销售折扣、折让和退回"：填报不符合税收规定的销售折扣和折让应进行纳税调整的金额，和发生的销售退回因会计处理与税收规定有差异需纳税调整的金额。第 1 列"账载金额"填报纳税人会计核算的销售折扣和折让金额及销货退回的追溯处理的净调整额。第 2 列"税收金额"填报根据税收规定可以税前扣除的折扣和折让的金额及销货退回业务影响当期损益的金额。第 1 列减第 2 列，若余额≥0，填入第 3 列"调增金额"；若余额＜0，将绝对值填入第 4 列"调减金额"，第 4 列仅为销货退回影响损益的跨期时间性差异。

11. 第 11 行"（九）其他"：填报其他因会计处理与税收规定有差异需纳税调整的收入类项目金额。若第 2 列≥第 1 列，将第 2－1 列的余额填入第 3 列"调增金额"；若第 2 列＜第 1 列，将第 2－1 列余额的绝对值填入第 4 列"调减金额"。

（二）扣除类调整项目

12. 第 12 行"二、扣除类调整项目"：根据第 13 行至第 30 行（不含第 25 行）填报。

13. 第 13 行"（一）视同销售成本"：填报会计处理不作为销售核算，税收规定作为应税收入对应的销售成本金额。根据《视同销售和房地产开发企业特定业务纳税调整明细表》（A105010）填报。第 2 列"税收金额"为表 A105010 第

11 行第 1 列金额。第 4 列"调减金额"为表 A105010 第 11 行第 2 列金额的绝对值。

14. 第 14 行"（二）职工薪酬"：根据《职工薪酬支出及纳税调整明细表》（A105050）填报。第 1 列"账载金额"为表 A105050 第 13 行第 1 列金额。第 2 列"税收金额"为表 A105050 第 13 行第 5 列金额。表 A105050 第 13 行第 6 列，若≥0，填入本行第 3 列"调增金额"；若<0，将绝对值填入本行第 4 列"调减金额"。

15. 第 15 行"（三）业务招待费支出"：第 1 列"账载金额"填报纳税人会计核算计入当期损益的业务招待费金额。第 2 列"税收金额"填报按照税收规定允许税前扣除的业务招待费支出的金额。第 3 列"调增金额"为第 1－2 列金额。

16. 第 16 行"（四）广告费和业务宣传费支出"：根据《广告费和业务宣传费跨年度纳税调整明细表》（A105060）填报。表 A105060 第 12 行，若≥0，填入第 3 列"调增金额"；若<0，将绝对值填入第 4 列"调减金额"。

17. 第 17 行"（五）捐赠支出"：根据《捐赠支出及纳税调整明细表》（A105070）填报。第 1 列"账载金额"为表 A105070 第 8 行第 1 列金额。第 2 列"税收金额"为表 A105070 第 8 行第 4 列金额。第 3 列"调增金额"为表 A105070 第 8 行第 5 列金额。第 4 列"调减金额"为表 A105070 第 8 行第 6 列金额。

18. 第 18 行"（六）利息支出"：第 1 列"账载金额"填报纳税人向非金融企业借款，会计核算计入当期损益的利息支出的金额。第 2 列"税收金额"填报按照税收规定允许税前扣除的利息支出的金额。若第 1 列≥第 2 列，将第 1 列减第 2 列余额填入第 3 列"调增金额"；若第 1 列<第 2 列，将第 1 列减第 2 列余额的绝对值填入第 4 列"调减金额"。

19. 第 19 行"（七）罚金、罚款和被没收财物的损失"：第 1 列"账载金额"填报纳税人会计核算计入当期损益的罚金、罚款和被罚没财物的损失，不包括纳税人按照经济合同规定支付的违约金（包括银行罚息）、罚款和诉讼费。第 3 列"调增金额"等于第 1 列金额。

20. 第 20 行"（八）税收滞纳金、加收利息"：第 1 列"账载金额"填报纳税人会计核算计入当期损益的税收滞纳金、加收利息。第 3 列"调增金额"等于第 1 列金额。

21. 第 21 行"（九）赞助支出"：第 1 列"账载金额"填报纳税人会计核算计入当期损益的不符合税收规定的公益性捐赠的赞助支出的金额，包括直接向受赠人的捐赠、赞助支出等（不含广告性的赞助支出，广告性的赞助支出在表 A105060 中调整）。第 3 列"调增金额"等于第 1 列金额。

22. 第 22 行 "（十）与未实现融资收益相关在当期确认的财务费用"：第 1 列 "账载金额" 填报纳税人会计核算的与未实现融资收益相关并在当期确认的财务费用的金额。第 2 列 "税收金额" 填报按照税收规定允许税前扣除的金额。若第 1 列 ≥ 第 2 列，将第 1 - 2 列余额填入第 3 列 "调增金额"；若第 1 列 < 第 2 列，将第 1 - 2 列余额的绝对值填入第 4 列 "调减金额"。

23. 第 23 行 "（十一）佣金和手续费支出"：第 1 列 "账载金额" 填报纳税人会计核算计入当期损益的佣金和手续费金额。第 2 列 "税收金额" 填报按照税收规定允许税前扣除的佣金和手续费支出金额。第 3 列 "调增金额" 为第 1 - 2 列的余额。

24. 第 24 行 "（十二）不征税收入用于支出所形成的费用"：第 3 列 "调增金额" 填报符合条件的不征税收入用于支出所形成的计入当期损益的费用化支出金额。

25. 第 25 行 "其中：专项用途财政性资金用于支出所形成的费用"：根据《专项用途财政性资金纳税调整明细表》（A105040）填报。第 3 列 "调增金额" 为表 A105040 第 7 行第 11 列金额。

26. 第 26 行 "（十三）跨期扣除项目"：填报维修费、安全生产费用、预提费用、预计负债等跨期扣除项目调整情况。第 1 列 "账载金额" 填报纳税人会计核算计入当期损益的跨期扣除项目金额。第 2 列 "税收金额" 填报按照税收规定允许税前扣除的金额。若第 1 列 ≥ 第 2 列，将第 1 - 2 列余额填入第 3 列 "调增金额"；若第 1 列 < 第 2 列，将第 1 - 2 列余额的绝对值填入第 4 列 "调减金额"。

27. 第 27 行 "（十四）与取得收入无关的支出"：第 1 列 "账载金额" 填报纳税人会计核算计入当期损益的与取得收入无关的支出的金额。第 3 列 "调增金额" 等于第 1 列金额。

28. 第 28 行 "（十五）境外所得分摊的共同支出"：第 3 列 "调增金额" 为《境外所得纳税调整后所得明细表》（A108010）第 10 行第 16 + 17 列的合计金额。

29. 第 29 行 "（十六）党组织工作经费"：填报纳税人根据有关文件规定，为创新基层党建工作、建立稳定的经费保障制度发生的党组织工作经费及纳税调整情况。

30. 第 30 行 "（十七）其他"：填报其他因会计处理与税收规定有差异需纳税调整的扣除类项目金额。若第 1 列 ≥ 第 2 列，将第 1 - 2 列余额填入第 3 列 "调增金额"；若第 1 列 < 第 2 列，将第 1 - 2 列余额的绝对值填入第 4 列 "调减金额"。

（三）资产类调整项目

31. 第 31 行"三、资产类调整项目"：填报资产类调整项目第 32 行至第 35 行的合计金额。

32. 第 32 行"（一）资产折旧、摊销"：根据《资产折旧、摊销及纳税调整明细表》（A105080）填报。第 1 列"账载金额"为表 A105080 第 39 行第 2 列金额。第 2 列"税收金额"为表 A105080 第 39 行第 5 列金额。表 A105080 第 39 行第 9 列，若≥0，填入本行第 3 列"调增金额"；若 < 0，将绝对值填入本行第 4 列"调减金额"。

33. 第 33 行"（二）资产减值准备金"：填报坏账准备、存货跌价准备、理赔费用准备金等不允许税前扣除的各类资产减值准备金纳税调整情况。第 1 列"账载金额"填报纳税人会计核算计入当期损益的资产减值准备金金额（因价值恢复等原因转回的资产减值准备金应予以冲回）。第 1 列，若≥0，填入第 3 列"调增金额"；若 < 0，将绝对值填入第 4 列"调减金额"。

34. 第 34 行"（三）资产损失"：根据《资产损失税前扣除及纳税调整明细表》（A105090）填报。第 1 列"账载金额"为表 A105090 第 14 行第 1 列金额。第 2 列"税收金额"为表 A105090 第 14 行第 5 列金额。表 A105090 第 14 行第 6 列，若≥0，填入本行第 3 列"调增金额"；若 < 0，将绝对值填入本行第 4 列"调减金额"。

35. 第 35 行"（四）其他"：填报其他因会计处理与税收规定有差异需纳税调整的资产类项目金额。若第 1 列≥第 2 列，将第 1 – 2 列余额填入第 3 列"调增金额"；若第 1 列 < 第 2 列，将第 1 – 2 列余额的绝对值填入第 4 列"调减金额"。

（四）特殊事项调整项目

36. 第 36 行"四、特殊事项调整项目"：填报特殊事项调整项目第 37 行至第 42 行的合计金额。

37. 第 37 行"（一）企业重组及递延纳税事项"：根据《企业重组及递延纳税事项纳税调整明细表》（A105100）填报。第 1 列"账载金额"为表 A105100 第 16 行第 1 + 4 列金额。第 2 列"税收金额"为表 A105100 第 16 行第 2 + 5 列金额。表 A105100 第 16 行第 7 列，若≥0，填入本行第 3 列"调增金额"；若 < 0，将绝对值填入本行第 4 列"调减金额"。

38. 第 38 行"（二）政策性搬迁"：根据《政策性搬迁纳税调整明细表》（A105110）填报。表 A105110 第 24 行，若≥0，填入本行第 3 列"调增金额"；若 < 0，将绝对值填入本行第 4 列"调减金额"。

39. 第 39 行"（三）特殊行业准备金"：根据《特殊行业准备金及纳税调整明细表》（A105120）填报。第 1 列"账载金额"为表 A105120 第 43 行第 1 列金额。第 2 列"税收金额"为表 A105120 第 43 行第 2 列金额。表 A105120 第 43 行第 3 列，若≥0，填入本行第 3 列"调增金额"；若＜0，将绝对值填入本行第 4 列"调减金额"。

40. 第 40 行"（四）房地产开发企业特定业务计算的纳税调整额"：根据《视同销售和房地产开发企业特定业务纳税调整明细表》（A105010）填报。第 2 列"税收金额"为表 A105010 第 21 行第 1 列金额。表 A105010 第 21 行第 2 列，若≥0，填入本行第 3 列"调增金额"；若＜0，将绝对值填入本行第 4 列"调减金额"。

41. 第 41 行"（五）有限合伙企业法人合伙方分得的应纳税所得额"：第 1 列"账载金额"填报有限合伙企业法人合伙方本年会计核算上确认的对有限合伙企业的投资所得；第 2 列"税收金额"填报纳税人按照"先分后税"原则和《财政部　国家税务总局关于合伙企业合伙人所得税问题的通知》（财税〔2008〕159 号）文件第四条规定计算的从合伙企业分得的法人合伙方应纳税所得额；若第 1 列≤第 2 列，将第 2 - 1 列余额填入第 3 列"调增金额"，若第 1 列＞第 2 列，将第 2 - 1 列余额的绝对值填入第 4 列"调减金额"。

42. 第 42 行"（六）其他"：填报其他因会计处理与税收规定有差异需纳税调整的特殊事项金额。

（五）特殊纳税调整所得项目

43. 第 43 行"五、特别纳税调整应税所得"：第 3 列"调增金额"填报纳税人按特别纳税调整规定自行调增的当年应税所得。第 4 列"调减金额"填报纳税人依据双边预约定价安排或者转让定价相应调整磋商结果的通知，需要调减的当年应税所得。

（六）其他

44. 第 44 行"六、其他"：其他会计处理与税收规定存在差异需纳税调整的项目金额。

45. 第 45 行"合计"：填报第 1 + 12 + 31 + 36 + 43 + 44 行的合计金额。

二、表内、表间关系

（一）表内关系

1. 第 1 行 = 第 2 + 3 + 4 + 5 + 6 + 7 + 8 + 10 + 11 行。

2. 第 12 行 = 第 13 + 14 + ··· + 23 + 24 + 26 + 27 + 28 + 29 + 30 行。

3. 第 31 行 = 第 32 + 33 + 34 + 35 行。

4. 第 36 行 = 第 37 + 38 + 39 + 40 + 41 + 42 行。

5. 第 45 行 = 第 1 + 12 + 31 + 36 + 43 + 44 行。

（二）表间关系

1. 第 2 行第 2 列 = 表 A105010 第 1 行第 1 列；第 2 行第 3 列 = 表 A105010 第 1 行第 2 列。

2. 第 3 行第 1 列 = 表 A105020 第 14 行第 2 列；第 3 行第 2 列 = 表 A105020 第 14 行第 4 列；若表 A105020 第 14 行第 6 列 ≥ 0，第 3 行第 3 列 = 表 A105020 第 14 行第 6 列；若表 A105020 第 14 行第 6 列 < 0，第 3 行第 3 列 = 表 A105020 第 14 行第 6 列的绝对值。

3. 第 4 行第 1 列 = 表 A105030 第 10 行第 1 + 8 列；第 4 行第 2 列 = 表 A105030 第 10 行第 2 + 9 列；若表 A105030 第 10 行第 11 列 ≥ 0，第 4 行第 3 列 = 表 A105030 第 10 行第 11 列；若表 A105030 第 10 行第 11 列 < 0，第 4 行第 4 列 = 表 A105030 第 10 行第 11 列的绝对值。

4. 第 9 行第 3 列 = 表 A105040 第 7 行第 14 列；第 9 行第 4 列 = 表 A105040 第 7 行第 4 列。

5. 第 13 行第 2 列 = 表 A105010 第 11 行第 1 列；第 13 行第 4 列 = 表 A105010 第 11 行第 2 列的绝对值。

6. 第 14 行第 1 列 = 表 A105050 第 13 行第 1 列；第 14 行第 2 列 = 表 A105050 第 13 行第 5 列；若表 A105050 第 13 行第 6 列 ≥ 0，第 14 行第 3 列 = 表 A105050 第 13 行第 6 列；若表 A105050 第 13 行第 6 列 < 0，第 14 行第 4 列 = 表 A105050 第 13 行第 6 列的绝对值。

7. 若表 A105060 第 12 行 ≥ 0，第 16 行第 3 列 = 表 A105060 第 12 行，若表 A105060 第 12 行 < 0，第 16 行第 4 列 = 表 A105060 第 12 行的绝对值。

8. 第 17 行第 1 列 = 表 A105070 第 8 行第 1 列；第 17 行第 2 列 = 表 A105070 第 8 行第 4 列；第 17 行第 3 列 = 表 A105070 第 8 行第 5 列；第 17 行第 4 列 = 表 A105070 第 8 行第 6 列。

9. 第 25 行第 3 列 = 表 A105040 第 7 行第 11 列。

10. 第 28 行第 3 列 = 表 A108010 第 10 行第 16 + 17 列。

11. 第 32 行第 1 列 = 表 A105080 第 39 行第 2 列；第 32 行第 2 列 = 表 A105080 第 39 行第 5 列；若表 A105080 第 39 行第 9 列 ≥ 0，第 32 行第 3 列 = 表 A105080 第 39 行第 9 列；若表 A105080 第 39 行第 9 列 < 0，第 32 行第 4 列 = 表

A105080 第 39 行第 9 列的绝对值。

12. 第 34 行第 1 列 = 表 A105090 第 14 行第 1 列；第 34 行第 2 列 = 表 A105090 第 14 行第 5 列；若表 A105090 第 14 行第 6 列≥0，第 34 行第 3 列 = 表 A105090 第 14 行第 6 列；若表 A105090 第 14 行第 6 列 <0，第 34 行第 4 列 = 表 A105090 第 14 行第 6 列的绝对值。

13. 第 37 行第 1 列 = 表 A105100 第 16 行第 1 + 4 列；第 37 行第 2 列 = 表 A105100 第 16 行第 2 + 5 列；若表 A105100 第 16 行第 7 列≥0，第 37 行第 3 列 = 表 A105100 第 16 行第 7 列；若表 A105100 第 16 行第 7 列 <0，第 37 行第 4 列 = 表 A105100 第 16 行第 7 列的绝对值。

14. 若表 A105110 第 24 行≥0，第 38 行第 3 列 = 表 A105110 第 24 行，若表 A105110 第 24 行 <0，第 38 行第 4 列 = 表 A105110 第 24 行的绝对值。

15. 第 39 行第 1 列 = 表 A105120 第 43 行第 1 列；第 39 行第 2 列 = 表 A105120 第 43 行第 2 列；若表 A105120 第 43 行第 3 列≥0，第 39 行第 3 列 = 表 A105120 第 43 行第 3 列；若表 A105120 第 43 行第 3 列 <0，第 39 行第 4 列 = 表 A105120 第 43 行第 3 列的绝对值。

16. 第 40 行第 2 列 = 表 A105010 第 21 行第 1 列；若表 A105010 第 21 行第 2 列≥0，第 40 行第 3 列 = 表 A105010 第 21 行第 1 列；若表 A105010 第 21 行第 2 列 <0，第 40 行第 4 列 = 表 A105010 第 21 行第 1 列的绝对值。

17. 第 45 行第 3 列 = 表 A100000 第 15 行；第 45 行第 4 列 = 表 A100000 第 16 行。

（三）职工薪酬支出及纳税调整明细表

行次	项目	账载金额	实际发生额	税收规定扣除率	以前年度累计结转扣除额	税收金额	纳税调整金额	累计结转以后年度扣除额
		1	2	3	4	5	6(1-5)	7(1+4-5)
1	一、工资薪金支出			*	*			*
2	其中：股权激励			*	*			*
3	二、职工福利费支出				*			*
4	三、职工教育经费支出			*				
5	其中：按税收规定比例扣除的职工教育经费							

续表

行次	项目	账载金额	实际发生额	税收规定扣除率	以前年度累计结转扣除额	税收金额	纳税调整金额	累计结转以后年度扣除额
		1	2	3	4	5	6(1-5)	7(1+4-5)
6	按税收规定全额扣除的职工培训费用				*			*
7	四、工会经费支出				*			*
8	五、各类基本社会保障性缴款			*	*			*
9	六、住房公积金			*	*			· *
10	七、补充养老保险				*			*
11	八、补充医疗保险				*			*
12	九、其他			*	*			*
13	合计（1+3+4+7+8+9+10+11+12）			*				

A105050《职工薪酬支出及纳税调整明细表》填报说明

纳税人根据税法、《国家税务总局关于企业工资薪金及职工福利费扣除问题的通知》（国税函〔2009〕3号）、《财政部　国家税务总局关于扶持动漫产业发展有关税收政策问题的通知》（财税〔2009〕65号）、《财政部　国家税务总局关于进一步鼓励软件产业和集成电路产业发展企业所得税政策的通知》（财税〔2012〕27号）、《国家税务总局关于我国居民企业实行股权激励计划有关企业所得税处理问题的公告》（国家税务总局公告2012年第18号）、《财政部　国家税务总局　商务部　科技部　国家发展改革委关于完善技术先进型服务企业有关企业所得税政策问题的通知》（财税〔2014〕59号）、《国家税务总局关于企业工资薪金和职工福利费等支出税前扣除问题的公告》（国家税务总局公告2015年第34号）、《财政部　国家税务总局关于高新技术企业职工教育经费税前扣除政策的通知》（财税〔2015〕63号）等相关规定，以及国家统一企业会计制度，填报纳税人职工薪酬会计处理、税收规定，以及纳税调整情况。纳税人只要发生相关支出，不论是否纳税调整，均需填报。

一、有关项目填报说明

1. 第1行"一、工资薪金支出"：填报纳税人本年度支付给在本企业任职或者受雇的员工的所有现金形式或非现金形式的劳动报酬及其会计核算、纳税调整等金额，具体如下：

（1）第1列"账载金额"：填报纳税人会计核算计入成本费用的职工工资、奖金、津贴和补贴金额。

（2）第2列"实际发生额"：分析填报纳税人"应付职工薪酬"会计科目借方发生额（实际发放的工资薪金）。

（3）第5列"税收金额"：填报纳税人按照税收规定允许税前扣除的金额，按照第1列和第2列分析填报。

（4）第6列"纳税调整金额"：填报第1-5列的余额。

2. 第2行"其中：股权激励"：本行由执行《上市公司股权激励管理办法》（中国证券监督管理委员会令第126号）的纳税人填报，具体如下：

（1）第1列"账载金额"：填报纳税人按照国家有关规定建立职工股权激励计划，会计核算计入成本费用的金额。

（2）第2列"实际发生额"：填报纳税人根据本年实际行权时股权的公允价格与激励对象实际行权支付价格的差额和数量计算确定的金额。

（3）第5列"税收金额"：填报行权时按照税收规定允许税前扣除的金额。按照第1列和第2列孰小值填报。

（4）第6列"纳税调整金额"：填报第1-5列的余额。

3. 第3行"二、职工福利费支出"：填报纳税人本年度发生的职工福利费及其会计核算、纳税调整等金额，具体如下：

（1）第1列"账载金额"：填报纳税人会计核算计入成本费用的职工福利费的金额。

（2）第2列"实际发生额"：分析填报纳税人"应付职工薪酬"会计科目下的职工福利费用实际发生额。

（3）第3列"税收规定扣除率"：填报税收规定的扣除比例（14%）。

（4）第5列"税收金额"：填报按照税收规定允许税前扣除的金额，按第1行第5列"工资薪金支出/税收金额"×14%、本表第3行第1列、本表第3行第2列三者孰小值填报。

（5）第6列"纳税调整金额"：填报第1-5列的余额。

4. 第4行"三、职工教育经费支出"：填报第5行或者第5+6行金额。

5. 第5行"其中：按税收规定比例扣除的职工教育经费"：适用于按照税收规定职工教育经费按比例税前扣除的纳税人填报，具体如下：

（1）第1列"账载金额"填报纳税人会计核算计入成本费用的金额，不包括第6行可全额扣除的职工培训费用金额。

（2）第2列"实际发生额"：分析填报纳税人"应付职工薪酬"会计科目下的职工教育经费实际发生额，不包括第6行可全额扣除的职工培训费用金额。

（3）第3列"税收规定扣除率"：填报税收规定的扣除比例。

（4）第4列"以前年度累计结转扣除额"：填报纳税人以前年度累计结转准予扣除的职工教育经费支出余额。

（5）第5列"税收金额"：填报纳税人按照税收规定允许税前扣除的金额（不包括第6行可全额扣除的职工培训费用金额），按第1行第5列"工资薪金支出－税收金额"×扣除比例与本行第1+4列之和的孰小值填报。

（6）第6列"纳税调整金额"：填报第1－5列的余额。

（7）第7列"累计结转以后年度扣除额"：填报第1+4－5列的金额。

6. 第6行"其中：按税收规定全额扣除的职工培训费用"：适用于按照税收规定职工培训费用允许全额税前扣除的纳税人填报，具体如下：

（1）第1列"账载金额"：填报纳税人会计核算计入成本费用。

（2）第2列"实际发生额"：分析填报纳税人"应付职工薪酬"会计科目下的职工教育经费本年实际发生额（可全额扣除的职工培训费用金额）。

（3）第3列"税收规定扣除率"：填报税收规定的扣除比例（100%）。

（4）第5列"税收金额"：填报按照税收规定允许税前扣除的金额。

（5）第6列"纳税调整金额"：填报第1－5列的余额。

7. 第7行"四、工会经费支出"：填报纳税人本年度拨缴工会经费及其会计核算、纳税调整等金额，具体如下：

（1）第1列"账载金额"：填报纳税人会计核算计入成本费用的工会经费支出金额。

（2）第2列"实际发生额"：分析填报纳税人"应付职工薪酬"会计科目下的工会经费本年实际发生额。

（3）第3列"税收规定扣除率"：填报税收规定的扣除比例（2%）。

（4）第5列"税收金额"：填报按照税收规定允许税前扣除的金额，按第1行第5列"工资薪金支出/税收金额"×2%与本行第1列、本行第2列三者孰小值填报。

（5）第6列"纳税调整金额"：填报第1－5列的余额。

8. 第8行"五、各类基本社会保障性缴款"：填报纳税人依照国务院有关主管部门或者省级人民政府规定的范围和标准为职工缴纳的基本社会保险费及其会计核算、纳税调整金额，具体如下：

（1）第1列"账载金额"：填报纳税人会计核算的各类基本社会保障性缴款的金额。

（2）第2列"实际发生额"：分析填报纳税人"应付职工薪酬"会计科目下的各类基本社会保障性缴款本年实际发生额。

（3）第5列"税收金额"：填报按照税收规定允许税前扣除的各类基本社会保障性缴款的金额，按本行第1列、第2列以及税收规定允许税前扣除的各类基本社会保障性缴款的金额孰小值填报。

（4）第6列"纳税调整金额"：填报第1－5列的余额。

9. 第9行"六、住房公积金"：填报纳税人依照国务院有关主管部门或者省级人民政府规定的范围和标准为职工缴纳的住房公积金及其会计核算、纳税调整金额，具体如下：

（1）第1列"账载金额"：填报纳税人会计核算的住房公积金金额。

（2）第2列"实际发生额"：分析填报纳税人"应付职工薪酬"会计科目下的住房公积金本年实际发生额。

（3）第5列"税收金额"：填报按照税收规定允许税前扣除的住房公积金金额，按本行第1列、第2列以及税收规定允许税前扣除的住房公积金的金额孰小值填报。

（4）第6列"纳税调整金额"：填报第1－5列的余额。

10. 第10行"七、补充养老保险"：填报纳税人为投资者或者职工支付的补充养老保险费的会计核算、纳税调整金额，具体如下：

（1）第1列"账载金额"：填报纳税人会计核算的补充养老保险金额。

（2）第2列"实际发生额"：分析填报纳税人"应付职工薪酬"会计科目下的补充养老保险本年实际发生额。

（3）第3列"税收规定扣除率"：填报税收规定的扣除比例（5%）。

（4）第5列"税收金额"：填报按照税收规定允许税前扣除的补充养老保险的金额，按第1行第5列"工资薪金支出/税收金额"×5%、本行第1列、本行第2列的孰小值填报。

（5）第6列"纳税调整金额"：填报第1－5列的余额。

11. 第11行"八、补充医疗保险"：填报纳税人为投资者或者职工支付的补充医疗保险费的会计核算、纳税调整金额，具体如下：

（1）第1列"账载金额"：填报纳税人会计核算的补充医疗保险金额。

（2）第2列"实际发生额"：分析填报纳税人"应付职工薪酬"会计科目下

的补充医疗保险本年实际发生额。

（3）第3列"税收规定扣除率"：填报税收规定的扣除比例（5%）。

（4）第5列"税收金额"：填报按照税收规定允许税前扣除的补充医疗保险的金额，按第1行第5列"工资薪金支出/税收金额"×5%、本行第1列、本行第2列的执小值填报。

（5）第6列"纳税调整金额"：填报第1－5列的余额。

12. 第12行"九、其他"：填报其他职工薪酬的金额。

13. 第13行"合计"：填报第1＋3＋4＋7＋8＋9＋10＋11＋12行的合计金额。

二、表内、表间关系

（一）表内关系

1. 第4行＝第5行或第5＋6行。

2. 第13行＝第1＋3＋4＋7＋8＋9＋10＋11＋12行。

3. 第6列＝第1－5列。

4. 第7列＝第1＋4－5列。

（二）表间关系

1. 第13行第1列＝表A105000第14行第1列。

2. 第13行第5列＝表A105000第14行第2列。

3. 若第13行第6列≥0，第13行第6列＝表A105000第14行第3列；若第13行第6列＜0，第13行第6列的绝对值＝表A105000第14行第4列。

（三）广告费和业务宣传费跨年度纳税调整明细表

行次	项　目	金　额
1	一、本年广告费和业务宣传费支出	
2	减：不允许扣除的广告费和业务宣传费支出	
3	二、本年符合条件的广告费和业务宣传费支出（1－2）	
4	三、本年计算广告费和业务宣传费扣除限额的销售（营业）收入	
5	乘：税收规定扣除率	
6	四、本企业计算的广告费和业务宣传费扣除限额（4×5）	

续表

行次	项　目	金　额
7	五、本年结转以后年度扣除额（3＞6，本行＝3－6；3≤6，本行＝0）	
8	加：以前年度累计结转扣除额	
9	减：本年扣除的以前年度结转额［3＞6，本行＝0；3≤6，本行＝8与（6－3）孰小值］	
10	六、按照分摊协议归集至其他关联方的广告费和业务宣传费（10≤3与6孰小值）	
11	按照分摊协议从其他关联方归集至本企业的广告费和业务宣传费	
12	七、本年广告费和业务宣传费支出纳税调整金额 （3＞6，本行＝2＋3－6＋10－11；3≤6，本行＝2＋10－11－9）	
13	八、累计结转以后年度扣除额（7＋8－9）	

A105060《广告费和业务宣传费跨年度纳税调整明细表》填报说明

本表适用于发生广告费和业务宣传费纳税调整项目（含广告费和业务宣传费结转）的纳税人填报。纳税人根据税法、《财政部　国家税务总局关于广告费和业务宣传费支出税前扣除政策的通知》（财税〔2012〕48号）等相关规定，以及国家统一企业会计制度，填报广告费和业务宣传费会计处理、税收规定，以及跨年度纳税调整情况。

一、有关项目填报说明

1. 第1行"一、本年广告费和业务宣传费支出"：填报纳税人会计核算计入本年损益的广告费和业务宣传费用金额。

2. 第2行"减：不允许扣除的广告费和业务宣传费支出"：填报税收规定不允许扣除的广告费和业务宣传费支出金额。

3. 第3行"二、本年符合条件的广告费和业务宣传费支出"：填报第1－2行的余额。

4. 第4行"三、本年计算广告费和业务宣传费扣除限额的销售（营业）收入"：填报按照税收规定计算广告费和业务宣传费扣除限额的当年销售（营业）收入。

5. 第5行"税收规定扣除率"：填报税收规定的扣除比例。

6. 第6行"四、本企业计算的广告费和业务宣传费扣除限额"：填报第4×5行的金额。

7. 第 7 行 "五、本年结转以后年度扣除额"：若第 3 行 > 第 6 行，填报第 3 - 6 行的余额；若第 3 行 ≤ 第 6 行，填报 0。

8. 第 8 行 "加：以前年度累计结转扣除额"：填报以前年度允许税前扣除但超过扣除限额未扣除、结转扣除的广告费和业务宣传费的金额。

9. 第 9 行 "减：本年扣除的以前年度结转额"：若第 3 行 > 第 6 行，填 0；若第 3 行 ≤ 第 6 行，填报第 6 - 3 行与第 8 行的孰小值。

10. 第 10 行 "六、按照分摊协议归集至其他关联方的广告费和业务宣传费"：填报签订广告费和业务宣传费分摊协议（以下简称分摊协议）的关联企业的一方，按照分摊协议，将其发生的不超过当年销售（营业）收入税前扣除限额比例内的广告费和业务宣传费支出归集至其他关联方扣除的广告费和业务宣传费，本行应 ≤ 第 3 行与第 6 行的孰小值。

11. 第 11 行 "按照分摊协议从其他关联方归集至本企业的广告费和业务宣传费"：填报签订广告费和业务宣传费分摊协议（以下简称分摊协议）的关联企业的一方，按照分摊协议，从其他关联方归集至本企业的广告费和业务宣传费。

12. 第 12 行 "七、本年广告费和业务宣传费支出纳税调整金额"：若第 3 行 > 第 6 行，填报第 2 + 3 - 6 + 10 - 11 行的金额；若第 3 行 ≤ 第 6 行，填报第 2 + 10 - 11 - 9 行的金额。

13. 第 13 行 "八、累计结转以后年度扣除额"：填报第 7 + 8 - 9 行的金额。

二、表内、表间关系

（一）表内关系

1. 第 3 行 = 第 1 - 2 行。
2. 第 6 行 = 第 4 × 5 行。
3. 若第 3 > 6 行，第 7 行 = 第 3 - 6 行；若第 3 ≤ 6 行，第 7 行 = 0。
4. 若第 3 > 6 行，第 9 行 = 0；若第 3 ≤ 6 行，第 9 行 = 第 8 行与第 6 - 3 行的孰小值。
5. 若第 3 > 6 行，第 12 行 = 2 + 3 - 6 + 10 - 11 行；若第 3 ≤ 6 行，第 12 行 = 第 2 - 9 + 10 - 11 行。
6. 第 13 行 = 第 7 + 8 - 9 行。

（二）表间关系

若第 12 行 ≥ 0，第 12 行 = 表 A105000 第 16 行第 3 列；若第 12 行 < 0，第 12

行的绝对值＝表 A105000 第 16 行第 3 列。

（三）资产折旧、摊销及纳税调整明细表

行次	项目		账载金额			税收金额					
			资产原值	本年折旧、摊销额	累计折旧、摊销额	资产计税基础	税收折旧额	享受加速折旧政策的资产按税收一般规定计算的折旧、摊销额	加速折旧统计额	累计折旧、摊销额	纳税调整金额
			1	2	3	4	5	6	7＝5－6	8	9(2－5)
1	一、固定资产（2＋3＋4＋5＋6＋7）							＊	＊		
2	所有固定资产	（一）房屋、建筑物						＊	＊		
3		（二）飞机、火车、轮船、机器、机械和其他生产设备						＊	＊		
4		（三）与生产经营活动有关的器具、工具、家具等						＊	＊		
5		（四）飞机、火车、轮船以外的运输工具						＊	＊		
6		（五）电子设备						＊	＊		
7		（六）其他						＊	＊		
8	其中：享受固定资产加速折旧及一次性扣除政策的资产加速折旧额大于一般折旧额的部分	（一）重要行业固定资产加速折旧（不含一次性扣除）									＊
9		（二）其他行业研发设备加速折旧									＊
10		（三）允许一次性扣除的固定资产（11＋12＋13）									＊
11		1．单价不超过 100 万元专用研发设备									＊
12		2．重要行业小型微利企业单价不超过 100 万元研发生产共用设备									＊

续表

行次	项目	账载金额			税收金额					纳税调整金额
		资产原值	本年折旧、摊销额	累计折旧、摊销额	资产计税基础	税收折旧额	享受加速折旧政策的资产按税收一般规定计算的折旧、摊销额	加速折旧统计额	累计折旧、摊销额	纳税调整金额
		1	2	3	4	5	6	7＝5－6	8	9（2－5）
13	其中：3.5000元以下固定资产									＊
14	（四）技术进步、更新换代固定资产									＊
15	（五）常年强震动、高腐蚀固定资产									＊
16	（六）外购软件折旧									＊
17	（七）集成电路企业生产设备									＊
18	二、生产性生物资产（19＋20）						＊	＊		
19	（一）林木类						＊	＊		
20	（二）畜类						＊	＊		
21	三、无形资产（22＋23＋24＋25＋26＋27＋28＋30）						＊	＊		
22	（一）专利权						＊	＊		
23	（二）商标权						＊	＊		
24	（三）著作权						＊	＊		
25	（四）土地使用权						＊	＊		
26	（五）非专利技术						＊	＊		
27	（六）特许权使用费						＊	＊		

（行13—17 左侧合并单元格文字：享受固定资产加速折旧及一次性扣除政策的资产加速折旧额大于一般折旧额的部分）

续表

行次	项目	账载金额			税收金额					纳税调整金额
		资产原值	本年折旧、摊销额	累计折旧、摊销额	资产计税基础	税收折旧额	享受加速折旧政策的资产按税收一般规定计算的折旧、摊销额	加速折旧统计额	累计折旧、摊销额	
		1	2	3	4	5	6	7＝5－6	8	9(2－5)
28	（七）软件						＊	＊		
29	其中：享受企业外购软件加速摊销政策									＊
30	（八）其他						＊	＊		
31	四、长期待摊费用（32＋33＋34＋35＋36）						＊	＊		
32	（一）已足额提取折旧的固定资产的改建支出						＊	＊		
33	（二）租入固定资产的改建支出						＊	＊		
34	（三）固定资产的大修理支出						＊	＊		
35	（四）开办费						＊	＊		
36	（五）其他						＊	＊		
37	五、油气勘探投资						＊	＊		
38	六、油气开发投资						＊	＊		
39	合计（1＋18＋21＋31＋37＋38）									
附列资料	全民所有制改制资产评估增值政策资产						＊	＊		

A105080《资产折旧、摊销及纳税调整明细表》填报说明

本表适用于发生资产折旧、摊销的纳税人，无论是否纳税调整，均须填报。纳税人根据税法、《国家税务总局关于企业固定资产加速折旧所得税处理有关问

题的通知》（国税发〔2009〕81 号）、《国家税务总局关于融资性售后回租业务
中承租方出售资产行为有关税收问题的公告》（国家税务总局公告 2010 年第 13
号）、《国家税务总局关于企业所得税若干问题的公告》（国家税务总局公告 2011
年第 34 号）、《国家税务总局关于发布〈企业所得税政策性搬迁所得税管理办
法〉的公告》（国家税务总局公告 2012 年第 40 号）、《财政部　国家税务总局关
于进一步鼓励软件产业和集成电路产业发展企业所得税政策的通知》（财税
〔2012〕27 号）、《国家税务总局关于企业所得税应纳税所得额若干问题的公告》
（国家税务总局公告 2014 年第 29 号）、《财政部　国家税务总局关于完善固定资
产加速折旧税收政策有关问题的通知》（财税〔2014〕75 号）、《财政部　国家
税务总局关于进一步完善固定资产加速折旧企业所得税政策的通知》（财税
〔2015〕106 号）、《国家税务总局关于全民所有制企业公司制改制企业所得税处
理问题的公告》（国家税务总局公告 2017 年第 34 号）等相关规定，以及国家统
一企业会计制度，填报资产折旧、摊销的会计处理、税收规定，以及纳税调整
情况。

一、有关项目填报说明

（一）列次填报

1. 第 1 列"资产原值"：填报纳税人会计处理计提折旧、摊销的资产原值
（或历史成本）的金额。

2. 第 2 列"本年折旧、摊销额"：填报纳税人会计核算的本年资产折旧、摊
销额。

3. 第 3 列"累计折旧、摊销额"：填报纳税人会计核算的累计（含本年）资
产折旧、摊销额。

4. 第 4 列"资产计税基础"：填报纳税人按照税收规定据以计算折旧、摊销
的资产原值（或历史成本）的金额。

5. 第 5 列"税收折旧额"：填报纳税人按照税收规定计算的允许税前扣除的
本年资产折旧、摊销额。

对于不征税收入形成的资产，其折旧、摊销额不得税前扣除。第 4 列至第 8
列税收金额不包含不征税收入所形成资产的折旧、摊销额。

对于第 8 行至第 17 行、第 29 行对应的"税收折旧额"，填报享受各种加速
折旧政策的资产，当年享受加速折旧后的税法折旧额合计。本列仅填报加速后的
税法折旧额大于一般折旧额月份的金额合计。即对于本年度某些月份，享受加速

折旧政策的固定资产，其加速后的税法折旧额大于一般折旧额、某些月份税法折旧额小于一般折旧额的，仅填报税法折旧额大于一般折旧额月份的税法折旧额合计。

6. 第 6 列"享受加速折旧政策的资产按税收一般规定计算的折旧、摊销额"：仅适用于第 8 行至第 17 行、第 29 行，填报纳税人享受加速折旧政策的资产按照税法一般规定计算的允许税前扣除的本年资产折旧、摊销额。按照税法一般规定计算的折旧额，是指该资产在不享受加速折旧情况下，按照税收规定的最低折旧年限以直线法计算的折旧额。本列仅填报加速后的税法折旧额大于按照税法一般规定计算折旧额对应月份的金额。

7. 第 7 列"加速折旧统计额"：用于统计纳税人享受各类固定资产加速折旧政策的优惠金额。

8. 第 8 列"累计折旧、摊销额"：填报纳税人按照税收规定计算的累计（含本年）资产折旧、摊销额。

9. 第 9 列"纳税调整金额"：填报第 2 - 5 列的余额。

（二）行次填报

1. 第 2 行至第 7 行、第 19 行至第 20 行、第 22 行至第 28 行、第 30 行、第 32 行至第 38 行，根据资产类别填报对应的行次。

2. 第 8 行至第 17 行、第 29 行：用于填报享受各类固定资产加速折旧政策的资产加速折旧情况，分类填报各项固定资产加速折旧政策优惠情况。

第 8 行"（一）重要行业固定资产加速折旧"：填报按照财税〔2014〕75 号和财税〔2015〕106 号文件规定，生物药品制造业，专用设备制造业，铁路、船舶、航空航天和其他运输设备制造业，计算机、通信和其他电子设备制造业，仪器仪表制造业，信息传输、软件和信息技术服务业 6 个行业，以及轻工、纺织、机械、汽车四大领域 18 个行业的纳税人（以下简称重要行业），对于新购进固定资产在税收上采取加速折旧的情况。该行次不填报重要行业纳税人按照以上两个文件规定，享受一次性扣除政策的资产。

第 9 行"（二）其他行业研发设备加速折旧"：由重要行业以外的其他企业填报。填写单位价值超过 100 万元以上专用研发设备采取缩短折旧年限或加速折旧方法的纳税调减或者加速折旧优惠统计情况。

第 10 行"（三）允许一次性扣除的固定资产"：填报新购进单位价值不超过 100 万元研发设备和单位价值不超过 5000 元固定资产，按照税收规定一次性在当期扣除金额。本行 = 第 11 + 12 + 13 行。

第 11 行"1. 单价不超过 100 万元专用研发设备"：填报"重要行业"中的非小型微利企业和"重要行业"以外的企业，对新购进专门用于研发活动的仪器、设备，单位价值不超过 100 万元的，享受一次性扣除政策的有关情况。

第 12 行 "2. 重要行业小型微利企业单价不超过 100 万元研发生产共用设备"：填报 "重要行业" 中的小型微利企业，对其新购进研发和生产经营共用的仪器、设备，单位价值不超过 100 万元的，享受一次性扣除政策的有关情况。

第 13 行 "3.5000 元以下固定资产"：填写纳税人单位价值不超过 5000 元的固定资产，按照政策规定一次性在当期税前扣除的有关情况。

第 14 行 "（四）技术进步、更新换代固定资产"：填写企业固定资产因技术进步，产品更新换代较快，按税收规定享受固定资产加速折旧的有关情况。

第 15 行 "（五）常年强震动、高腐蚀固定资产"：填写常年处于强震动、高腐蚀状态的固定资产，按税收规定享受固定资产加速折旧有关情况。

第 16 行 "（六）外购软件折旧"：填写企业外购软件作为固定资产处理，按财税〔2012〕27 号文件规定享受加速折旧的有关情况。

第 17 行 "（七）集成电路企业生产设备"：填报集成电路生产企业的生产设备，按照财税〔2012〕27 号文件规定享受加速折旧政策的有关情况。

第 29 行 "其中：享受企业外购软件加速摊销政策"：填写企业外购软件作无形资产处理，按财税〔2012〕27 号文件规定享受加速摊销的有关情况。

附列资料 "享受全民所有制改制资产评估增值政策资产"：填写企业按照国家税务总局公告 2017 年第 34 号文件规定，执行 "改制中资产评估增值不计入应纳税所得额；资产的计税基础按其原有计税基础确定；资产增值部分的折旧或者摊销不得在税前扣除" 政策的情况。本行不参与计算，仅用于列示享受全民所有制改制资产评估增值政策资产的有关情况，相关资产折旧（摊销）及调整情况在本表第 1 行至第 39 行按规定填报。

二、表内、表间关系

（一）表内关系

1. 第 1 行 = 第 2 + 3 + … + 7 行。
2. 第 10 行 = 第 11 + 12 + 13 行。
3. 第 18 行 = 第 19 + 20 行。
4. 第 21 行 = 第 22 + 23 + 24 + 25 + 26 + 27 + 28 + 30 行。
5. 第 31 行 = 第 32 + 33 + 34 + 35 + 36 行。
6. 第 39 行 = 第 1 + 18 + 21 + 31 + 37 + 38 行（其中第 39 行第 6 列 = 第 8 + 9 + 10 + 14 + 15 + 16 + 17 + 29 行第 6 列；第 39 行第 7 列 = 第 8 + 9 + 10 + 14 + 15 +

16 + 17 + 29 行第 7 列）。

7. 第 7 列 = 第 5 – 6 列。

8. 第 9 列 = 第 2 – 5 列。

（二）表间关系

1. 第 39 行第 2 列 = 表 A105000 第 32 行第 1 列。

2. 第 39 行第 5 列 = 表 A105000 第 32 行第 2 列。

3. 若第 39 行第 9 列 ≥0，第 39 行第 9 列 = 表 A105000 第 32 行第 3 列；若第 39 行第 9 列 <0，第 39 行第 9 列的绝对值 = 表 A105000 第 32 行第 4 列。

第十节　财务报表申报

一、资产负债表

资产负债表

纳税人识别号：

纳税人名称：

资产负债表日：　　　　　税款所属期起：　　　　　税款所属期止：

资产	行次	期末余额	年初余额	负债和所有者权益	行次	期末余额	年初余额
流动资产：				流动负债：			
货币资金	1			短期借款	31		
短期投资	2			应付票据	32		
应收票据	3			应付账款	33		
应收账款	4			预收账款	34		
预付账款	5			应付职工薪酬	35		
应收股利	6			应交税费	36		
应收利息	7			应付利息	37		
其他应收款	8			应付利润	38		
存货	9			其他应付款	39		
其中：原材料	10			其他流动负债	40		
在产品	11			流动负债合计	41		

续表

资产	行次	期末余额	年初余额	负债和所有者权益	行次	期末余额	年初余额
库存商品	12			非流动负债：			
周转材料	13			长期借款	42		
其他流动资产	14			长期应付款	43		
流动资产合计	15			递延收益	44		
非流动资产：				其他非流动负债	45		
长期债券投资	16			非流动负债合计	46		
长期股权投资	17			负债合计	47		
固定资产原价	18						
减：累计折旧	19						
固定资产账面价值	20						
在建工程	21						
工程物资	22						
固定资产清理	23						
生产性生物资产	24			所有者权益（或股东权益）：			
无形资产	25			实收资本（或股本）	48		
开发支出	26			资本公积	49		
长期待摊费用	27			盈余公积	50		
其他非流动资产	28			未分配利润	51		
非流动资产合计	29			所有者权益（或股东权益）合计	52		
资产合计	30			负债和所有者权益（或股东权益）总计	53		

二、利润表

利润表

项目	行次	本月金额	本年累计金额
一、营业收入	1		
减：营业成本	2		

续表

项目	行次	本月金额	本年累计金额
营业税金及附加	3		
其中：消费税	4		
营业税	5		
城市维护建设税	6		
资源税	7		
土地增值税	8		
城镇土地使用税、房产税、车船税	9		
教育费附加、矿产资源补偿费	10		
销售费用	11		
其中：商品维修费	12		
广告费和业务宣传费	13		
管理费用	14		
其中：开办费	15		
业务招待费	16		
研究费用	17		
财务费用	18		
其中：利息费用（收入以 - 填列）	19		
加：投资收益（亏损以 - 填列）	20		
二、营业利润（亏损以 - 号填列）	21		
加：营业外收入	22		

三、现金流量表

现金流量表

项目	行次	本月金额	本年累计金额
一、经营活动产生的现金流量			
销售产成品、商品、提供劳务收到的现金	1		
收到的其他与经营活动有关的现金	2		
购买原材料、商品、接受劳务支付的现金	3		
支付的职工薪酬	4		

续表

项目	行次	本月金额	本年累计金额
支付的税费	5		
支付的其他与经营活动有关的现金	6		
经营活动产生的现金流量净额	7		
二、投资活动产生的现金流量			
收回短期投资、长期债券投资和长期股权投资收到的现金	8		
取得投资收益收到的现金	9		
处置固定资产、无形资产和其他非流动资产收回的现金净额	10		
短期投资、长期债券投资和长期股权投资支付的现金	11		
购建固定资产、无形资产和其他非流动资产支付的现金	12		
投资活动产生的现金流量净额	13		
三、筹资活动产生的现金流量			
取得借款收到的现金	14		
吸收投资者投资收到的现金	15		
偿还借款本金支付的现金	16		
偿还借款利息支付的现金	17		
分配利润支付的现金	18		

附录 《企业会计信息化工作规范》

企业会计信息化工作规范（财会〔2013〕20号）

第一章 总 则

第一条 为推动企业会计信息化，节约社会资源，提高会计软件和相关服务质量，规范信息化环境下的会计工作，根据《中华人民共和国会计法》、《财政部关于全面推进我国会计信息化工作的指导意见》（财会〔2009〕6号），制定本规范。

第二条 本规范所称会计信息化，是指企业利用计算机、网络通信等现代信息技术手段开展会计核算，以及利用上述技术手段将会计核算与其他经营管理活动有机结合的过程。

本规范所称会计软件，是指企业使用的，专门用于会计核算、财务管理的计算机软件、软件系统或者其功能模块。会计软件具有以下功能：

（一）为会计核算、财务管理直接采集数据；

（二）生成会计凭证、账簿、报表等会计资料；

（三）对会计资料进行转换、输出、分析、利用。

本规范所称会计信息系统，是指由会计软件及其运行所依赖的软硬件环境组成的集合体。

第三条 企业（含代理记账机构，下同）开展会计信息化工作，软件供应商（含相关咨询服务机构，下同）提供会计软件和相关服务，适用本规范。

第四条 财政部主管全国企业会计信息化工作，主要职责包括：

（一）拟订企业会计信息化发展政策；

（二）起草、制定企业会计信息化技术标准；

（三）指导和监督企业开展会计信息化工作；

（四）规范会计软件功能。

第五条 县级以上地方人民政府财政部门管理本地区企业会计信息化工作，指导和监督本地区企业开展会计信息化工作。

第二章 会计软件和服务

第六条 会计软件应当保障企业按照国家统一会计准则制度开展会计核算，不得有违背国家统一会计准则制度的功能设计。

第七条 会计软件的界面应当使用中文并且提供对中文处理的支持，可以同时提供外国或者少数民族文字界面对照和处理支持。

第八条 会计软件应当提供符合国家统一会计准则制度的会计科目分类和编码功能。

第九条 会计软件应当提供符合国家统一会计准则制度的会计凭证、账簿和报表的显示和打印功能。

第十条 会计软件应当提供不可逆的记账功能，确保对同类已记账凭证的连续编号，不得提供对已记账凭证的删除和插入功能，不得提供对已记账凭证日期、金额、科目和操作人的修改功能。

第十一条 鼓励软件供应商在会计软件中集成可扩展商业报告语言（XBRL）功能，便于企业生成符合国家统一标准的 XBRL 财务报告。

第十二条 会计软件应当具有符合国家统一标准的数据接口，满足外部会计监督需要。

第十三条 会计软件应当具有会计资料归档功能，提供导出会计档案的接口，在会计档案存储格式、元数据采集、真实性与完整性保障方面，符合国家有关电子文件归档与电子档案管理的要求。

第十四条 会计软件应当记录生成用户操作日志，确保日志的安全、完整，提供按操作人员、操作时间和操作内容查询日志的功能，并能以简单易懂的形式输出。

第十五条 以远程访问、云计算等方式提供会计软件的供应商，应当在技术上保证客户会计资料的安全、完整。对于因供应商原因造成客户会计资料泄露、毁损的，客户可以要求供应商承担赔偿责任。

第十六条 客户以远程访问、云计算等方式使用会计软件生成的电子会计资料归客户所有。

软件供应商应当提供符合国家统一标准的数据接口供客户导出电子会计资料，不得以任何理由拒绝客户导出电子会计资料的请求。

第十七条 以远程访问、云计算等方式提供会计软件的供应商，应当做好本厂商不能维持服务情况下，保障企业电子会计资料安全以及企业会计工作持续进行的预案，并在相关服务合同中与客户就该预案做出约定。

第十八条 软件供应商应当努力提高会计软件相关服务质量，按照合同约定及时解决用户使用中的故障问题。

会计软件存在影响客户按照国家统一会计准则制度进行会计核算问题的，软件供应商应当为用户免费提供更正程序。

第十九条　鼓励软件供应商采用呼叫中心、在线客服等方式为用户提供实时技术支持。

第二十条　软件供应商应当就如何通过会计软件开展会计监督工作，提供专门教程和相关资料。

第三章　企业会计信息化

第二十一条　企业应当充分重视会计信息化工作，加强组织领导和人才培养，不断推进会计信息化在本企业的应用。

除本条第三款规定外，企业应当指定专门机构或者岗位负责会计信息化工作。

未设置会计机构和配备会计人员的企业，由其委托的代理记账机构开展会计信息化工作。

第二十二条　企业开展会计信息化工作，应当根据发展目标和实际需要，合理确定建设内容，避免投资浪费。

第二十三条　企业开展会计信息化工作，应当注重信息系统与经营环境的契合，通过信息化推动管理模式、组织架构、业务流程的优化与革新，建立健全适应信息化工作环境的制度体系。

第二十四条　大型企业、企业集团开展会计信息化工作，应当注重整体规划，统一技术标准、编码规则和系统参数，实现各系统的有机整合，消除信息孤岛。

第二十五条　企业配备的会计软件应当符合本规范第二章要求。

第二十六条　企业配备会计软件，应当根据自身技术力量以及业务需求，考虑软件功能、安全性、稳定性、响应速度、可扩展性等要求，合理选择购买、定制开发、购买与开发相结合等方式。

定制开发包括企业自行开发、委托外部单位开发、企业与外部单位联合开发。

第二十七条　企业通过委托外部单位开发、购买等方式配备会计软件，应当在有关合同中约定操作培训、软件升级、故障解决等服务事项，以及软件供应商对企业信息安全的责任。

第二十八条　企业应当促进会计信息系统与业务信息系统的一体化，通过业务的处理直接驱动会计记账，减少人工操作，提高业务数据与会计数据的一致性，实现企业内部信息资源共享。

第二十九条 企业应当根据实际情况，开展本企业信息系统与银行、供应商、客户等外部单位信息系统的互联，实现外部交易信息的集中自动处理。

第三十条 企业进行会计信息系统前端系统的建设和改造，应当安排负责会计信息化工作的专门机构或者岗位参与，充分考虑会计信息系统的数据需求。

第三十一条 企业应当遵循企业内部控制规范体系要求，加强对会计信息系统规划、设计、开发、运行、维护全过程的控制，将控制过程和控制规则融入会计信息系统，实现对违反控制规则情况的自动防范和监控，提高内部控制水平。

第三十二条 对于信息系统自动生成且具有明晰审核规则的会计凭证，可以将审核规则嵌入会计软件，由计算机自动审核。未经自动审核的会计凭证，应当先经人工审核再进行后续处理。

第三十三条 处于会计核算信息化阶段的企业，应当结合自身情况，逐步实现资金管理、资产管理、预算控制、成本管理等财务管理信息化。

处于财务管理信息化阶段的企业，应当结合自身情况，逐步实现财务分析、全面预算管理、风险控制、绩效考核等决策支持信息化。

第三十四条 分公司、子公司数量多、分布广的大型企业、企业集团应当探索利用信息技术促进会计工作的集中，逐步建立财务共享服务中心。

实行会计工作集中的企业以及企业分支机构，应当为外部会计监督机构及时查询和调阅异地储存的会计资料提供必要条件。

第三十五条 外商投资企业使用的境外投资者指定的会计软件或者跨国企业集团统一部署的会计软件，应当符合本规范第二章要求。

第三十六条 企业会计信息系统数据服务器的部署应当符合国家有关规定。数据服务器部署在境外的，应当在境内保存会计资料备份，备份频率不得低于每月一次。境内备份的会计资料应当能够在境外服务器不能正常工作时，独立满足企业开展会计工作的需要以及外部会计监督的需要。

第三十七条 企业会计资料中对经济业务事项的描述应当使用中文，可以同时使用外国或者少数民族文字对照。

第三十八条 企业应当建立电子会计资料备份管理制度，确保会计资料的安全、完整和会计信息系统的持续、稳定运行。

第三十九条 企业不得在非涉密信息系统中存储、处理和传输涉及国家秘密，关系国家经济信息安全的电子会计资料；未经有关主管部门批准，不得将其携带、寄运或者传输至境外。

第四十条 企业内部生成的会计凭证、账簿和辅助性会计资料，同时满足下列条件的，可以不输出纸面资料：

（一）所记载的事项属于本企业重复发生的日常业务；

（二）由企业信息系统自动生成；

（三）可及时在企业信息系统中以人类可读形式查询和输出；

（四）企业信息系统具有防止相关数据被篡改的有效机制；

（五）企业对相关数据建立了电子备份制度，能有效防范自然灾害、意外事故和人为破坏的影响；

（六）企业对电子和纸面会计资料建立了完善的索引体系。

第四十一条 企业获得的需要外部单位或者个人证明的原始凭证和其他会计资料，同时满足下列条件的，可以不输出纸面资料：

（一）会计资料附有外部单位或者个人的、符合《中华人民共和国电子签名法》的可靠的电子签名；

（二）电子签名经符合《中华人民共和国电子签名法》的第三方认证；

（三）满足第四十条第（一）项、第（三）项、第（五）项和第（六）项规定的条件。

第四十二条 企业会计资料的归档管理，遵循国家有关会计档案管理的规定。

第四十三条 实施企业会计准则通用分类标准的企业，应当按照有关要求向财政部报送 XBRL 财务报告。

第四章 监 督

第四十四条 企业使用会计软件不符合本规范要求的，由财政部门责令限期改正。限期不改的，财政部门应当予以公示，并将有关情况通报同级相关部门或其派出机构。

第四十五条 财政部采取组织同行评议，向用户企业征求意见等方式对软件供应商提供的会计软件遵循本规范的情况进行检查。

省、自治区、直辖市人民政府财政部门发现会计软件不符合本规范规定的，应当将有关情况报财政部。

任何单位和个人发现会计软件不符合本规范要求的，有权向所在地省、自治区、直辖市人民政府财政部门反映，财政部门应当根据反映开展调查，并按本条第二款规定处理。

第四十六条 软件供应商提供的会计软件不符合本规范要求的，财政部可以约谈该供应商主要负责人，责令限期改正。限期内未改正的，由财政部予以公示，并将有关情况通报相关部门。

第五章　附　则

第四十七条　省、自治区、直辖市人民政府财政部门可以根据本规范制定本地区具体实施办法。

第四十八条　自本规范施行之日起,《会计核算软件基本功能规范》(财会字〔1994〕27 号)、《会计电算化工作规范》(财会字〔1996〕17 号)不适用于企业及其会计软件。

第四十九条　本规范自 2014 年 1 月 6 日起施行,1994 年 6 月 30 日财政部发布的《商品化会计核算软件评审规则》(财会字〔1994〕27 号)、《会计电算化管理办法》(财会字〔1994〕27 号)同时废止。

同步练习

第一章　会计电算化概述

1. 我国会计电算化始于（　　）。

A. 1981 年　　　　B. 1974 年　　　　C. 1979 年　　　　D. 1992 年

答案：C

2. 会计信息化技术包括（　　）。

A. 可扩展商业报告语言技术规范系列国家标准（GB/T 25500）

B. 企业会计准则通用分类标准

C. 会计软件数据接口标准

D. 数据化标准

答案：ABC

3. 会计信息化工作规范于（　　）施行。

A. 2014 年 1 月 6 日　　　　　　　B. 2015 年 7 月 30 日

C. 2016 年 5 月 1 日　　　　　　　D. 2013 年 12 月 6 日

答案：A

第二章　主要行业会计、全面预算及"金税三期"概述

1. 商业企业的特征（　　）。

A. 以商品的购、销、运、存为基本业务

B. 对经营的商品基本上不进行加工

C. 经营周期短、资金周转快

D. "商业利润"主要来源于资产让渡

答案：ABCD

2. 存货的发出计价方法有（　　）。

A. 先进先出法　　　B. 加权平均法　　　C. 后进先出法　　　D. 个别计价法

答案：ABD

3. 房地产商在预售商应具备的五大证是下列哪几个？（　　）

A.《建设用地规划许可证》《建设工程规划许可证》《建筑工程施工许可证》《国有土地使用证》《商品房预售许可证》

B.《建设用地规划许可证》《土地出让合同》《建筑工程施工许可证》《国有土地使用证》《商品房预售许可证》

C.《建设用地规划许可证》《建设工程规划许可证》《工程竣工验收备案证明书》《国有土地使用证》《商品房预售许可证》

D.《建设用地规划许可证》《建设工程规划许可证》《建筑工程施工许可证》《国有土地使用证》《房屋所有权证》

答案：A

第三章　会计财务软件的运用及企业常用 Excel 函数运用

1. 财务软件有哪些模块？（　　）

A. 总账　　　　　　　　　　　　　B. 工资系统

C. 库存管理系统　　　　　　　　　D. 核算系统

答案：ABCD

2. 下列（　　）是固定资产功能模块。

A. 资产录入　　　　　　　　　　　B. 计提折旧

C. 资产总和查询　　　　　　　　　D. 部门设置

答案：ABCD

3. SUMIF 函数中，参数 range 指的是（　　）。

A. 条件区域　　　　　　　　　　　B. 需要进行计算时满足的条件

C. 资产原值　　　　　　　　　　　D. 计算区域

答案：D

参考文献

［1］崔卫平. 浅析我国会计电算化的发展现状及趋势［J］. 财经界（学术版），2010（5）.

［2］苗贵涛. 浅析我国会计电算化的发展趋势［J］. 河南工业大学学报（社会科学版），2004，20（4）.

［3］梁旭，杨玉春，刘建青. 浅谈我国会计电算化的发展趋势［J］. 财会研究，2016（4）.

［4］《财政部关于发布企业会计准则通用分类标准的通知》（财会〔2010〕20 号）.

［5］财政部以财会〔2016〕19 号印发《会计改革与发展"十三五"规划纲要》.

［6］财政部印发的《企业会计信息化工作规范》（财会〔2013〕20 号）.

［7］国资委《关于加强中央企业财务信息化工作的通知》国资发评价〔2011〕99 号.

［8］商业企业各项收费的涉税会计处理. 精英会计在线〔引用日期 2013 - 01 - 26〕.

［9］企业会计准则第 1 号——存货（2014 年 3 月 13 日财政部发布，自 2014 年 7 月 1 日起在上市公司范围内施行）.

［10］企业会计准则——运用指南（2006 年 10 月 30 日财政部发布，自 2007 年 1 月 1 日起在上市公司范围内施行）.

［11］增值税会计处理规定（财政部 2016 年 12 月 3 日发布，自 2016 年 12 月 3 日起施行）.

［12］百度百科.

［13］国家税务总局官网.

［14］企业会计准则第 14 号——存货（2006 年 2 月 15 日财政部发布，自 2007 年 1 月 1 日起施行）.

［15］财政部关于全面推进管理会计体系建设的指导意见（2014 年 10 月 27

日财政部发布，自 2014 年 10 月 27 日起施行）．

　　[16] 管理会计基本指引（2016 年 6 月 22 日财政部发布，自 2016 年 6 月 22 日起施行）．

　　[17] 企业产品成本核算制度（试行）（2013 年 8 月 16 日财政部发布，自 2014 年 1 月 1 日起施行）．